ある日チベットで

༄༅།ཉིན་ཞིག་བོད་ལ་

竹内 淳子

序文 旅するひとびと

旅の始まりはいつだったか。

私は福岡の寺院に生まれた。本が好きで、二階の物置の八畳間に入り込み、若くして亡くなった祖父の蔵書を探索するのを楽しみとしていた。その中に「漢訳西蔵大蔵経」という濃紺の布張りの全集があった。「西蔵」は中国語の音写（発音は、シーツァン）でチベットのこと。漢字に意味はない。でも幼い私は西の遠い国に大きな蔵があり、宝物が隠されている、とそんなイメージを持った。まさに大蔵経は仏教の宝ではあるのだけど、そんなこと、知っていたわけじゃない。ただ幼い心が旅をしていた。

旅の始まりはいつだったか。

十八歳で文学部の大学生になるため福岡から京都にたどり着いた。授業の合間に美術館や展覧会の絵を手当たり次第に見て回った。日本画の岩絵具に魅せられ、日本画教室にたどり着いた。子どもの頃から絵が好きだったが、日本画に出合って絵で表現する面白さに夢中になった。もっと学びたい、と短大の美術学科に（ゴリ押しで）たどり着いた。１９８６年（昭和61）、短大を卒業する間際「私たち専攻科に行くんだから、卒業式サボって、中国に行かない？」と、同級生に誘われ、上海行きのフェリー鑑真号にたどり着いた。二カ月近く中国をウロウロして砂漠の向こう、敦煌までたどり着いた。その時、もっと西へ行けばシルクロードの青い目の人々がいて、南下すれば憧れのチベットがあることに気がついた。

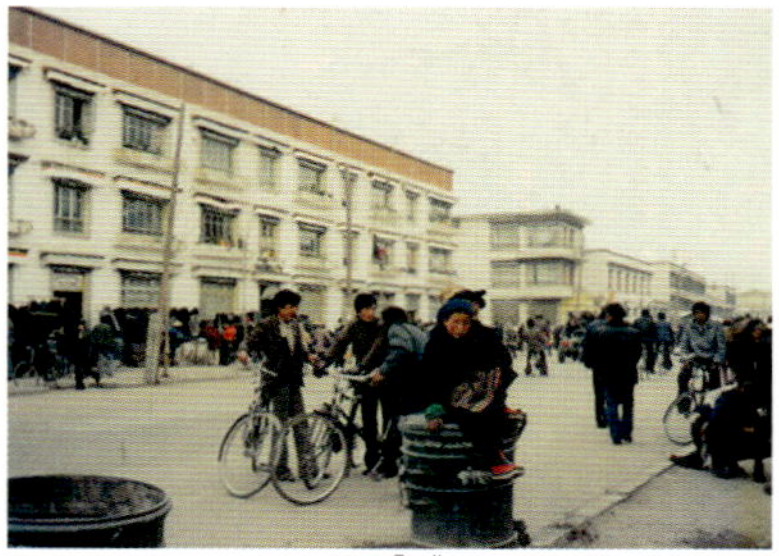

西蔵自治区・拉薩《ラサ》＝1987年

準備も語学力も、もちろん覚悟なんてあるはずもない旅は、失敗と赤っ恥の連続だったが、外の世界で「何者でもない自分」に改めて気づき、「何者でもない自分」が体験する出会いに新鮮な感動を覚えた。

私の旅は、旅でスケッチをしたい→チベットでチベット人を描いてみたい→チベットの仏教壁画をたくさん見たい！と目標を少しずつ変えながら２００９年（平成21）まで続いた。

２０２０年（令和2）５月〜２０２１年８月、２０２２年９月〜２０２３年９月、京都新聞夕刊で旅行記連載の機会を頂き、当時の想いを文章にして気がついた。それは「書く」ことで私の中の旅が熟してきたということだ。それはとても不

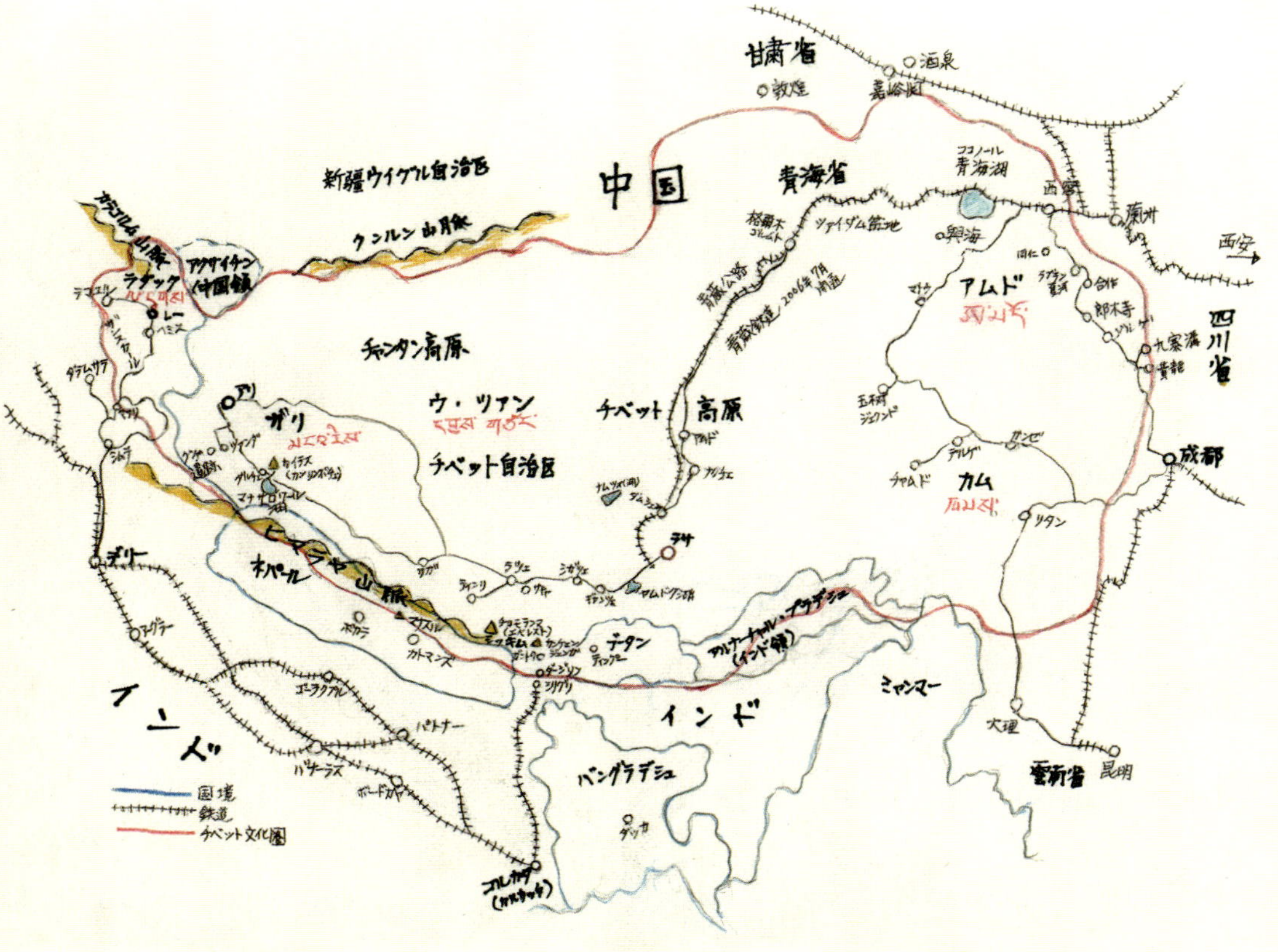

思議な感覚だった。そして私の旅は日常にはみ出し蠢《うごめ》いていると感じた。当時、コロナ感染が広がる中、私はひとり家にいながら、長い旅路をたどっていた。

旅をしていると、時に長く世界を一人で周るバックパッカーに出会う。その身軽さと体力と見知らぬ異国の話に圧倒されるが、長過ぎる旅に疲れ、帰国してもまた旅に呼び戻されるサガのようなものをその瞳の奥に感じた。

　旅は魔物。美しい誘惑に取り込まれ自分をどこかで失いながらも旅は続いていく。

　では、私の旅はどうだったのだろう。その問いは繰り返し私に訪れる。

　2024年(令和6)、ある絵描きさんの話し。

　彼はギャラリーで自分の絵について語っていた。聴衆の一人が質問した。私もその話に聞き入った。「どうしてそんなに精力的に絵を描けるのですか」。

　彼は少し照れた様子で返した。

「まだ、生きてるんですからね、絵を描くのです」

　その朴訥《ぼくとつ》な言葉に、彼がたどってきた「絵を描くという」長い旅路が一瞬姿を見せ、すぐ閉じていった。

　問いの答えは見つからずとも、「絵を描くという」旅路を私も続けたいと思った。

目次

モンラム大祭の夜

砂地に咲く花のよう…描きたい

その人は黒いチュパ（チベット服）にパンデン（縞模様のエプロン）をキリリと締め、大きな荷物を担いで上海駅の近くを歩いていた。1986年、美大生だった私は友人と初めて中国を旅行した。2カ月近く大都市を巡ったが、一番心に残ったのは上海で見掛けたチベット人女性だった。当時、漢民族は人民服主流の時代で、男も女も灰色の上下ズボンスタイルに人民帽が多数派。その中で、少数民族の個性的ないでたちは砂地に咲く花のようだった。

「あの人たちを描いてみたい」。翌年、1人でチベットを目指した。

中国西蔵自治区・拉薩《ラサ》。前年の旅で仕入れた情報も少しはあるが、当時のガイドブックにチベットの情報は2ページしかなかった。ともかく第1目標は早くたどり着くこと。それでも上海から成都まで列車で丸2日。そこから飛行機で拉薩まで手続きを含めて1週間はかかる。

ラサ→ゴルムド
長距離バスチケット

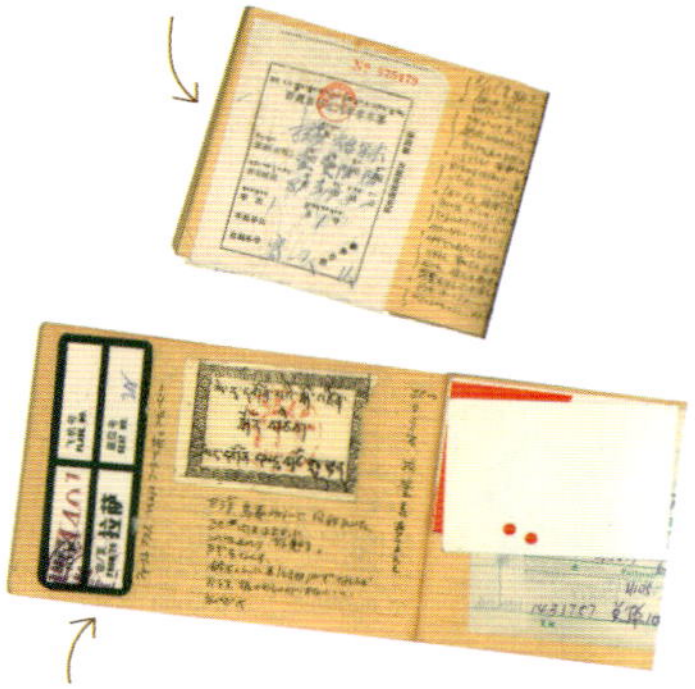

（左）成都→ラサ飛行機チケット
（右）セラ寺（ラサ三大寺院）入場券

3月上旬、私は標高3650メートルの殺風景な空港に降り立った。空気の薄さにあまり実感が湧かないが、ちょっと歩くと息が切れる。疲れたかな？程度の鈍感さ。宿から歩いて繁華街パルコルに行ってみた。有名なジョカン寺を囲み、仏具、お土産、骨董《こっとう》などさまざまな店が道沿いに並ぶ。巡礼がマニ車（法具）を回しながら右回りに歩いていく。遊牧民や時にはヤギたちも一緒だ。まるで絵本を開いた瞬間のように心が躍る。

「お祭りがあるよ」と宿の人が教えてくれた。「何の祭り？」「バターナイトさ！」

その日、パルコルは昼間から準備で慌ただしかった。ジョカンの前に巨大なトルマ（ヤクのバターで作ったお供え物で、美しい彩色が施される）を取り付けたパネルが立て掛けられ、その前に大勢のお坊さんが所狭しと座っている。夕暮れ、お寺

旅のメモ

パンデンと呼ばれるチベットの縞模様のエプロンは、本来既婚婦人だけに許されたアイテム。チベットの主婦の誇りとも言える。だが1987年には、可愛い少女がオシャレなパンデン姿で街を歩いていた。民族衣装の意味も時代とともに変わるようだ。

「東のヤク」

の上からほら貝の音が響いた。太鼓やシンバルの音とともに読経の声が沸き上がる。広場は人でいっぱい。公安が騒いでいるチベット人を警棒で制する。たくさんの外国人も見守る中で踊りが始まる。ほとんど何も見えないけど、人垣の合間をくぐり熱狂は周囲に伝染していた。

その夜、頭の中でチベタンダンスと野良犬の遠ぼえがグルグルと回り続け、２日間、高山病でダウン。それが私のチベット遍歴の始まりだった。

＊この祭りは「モンラム大祭」というチベット正月の祈願祭で、１９９０年から中止されている。

ラサからゴルムドへ

バス旅の疲れ　癒やす雪山

1987年3月19日午前8時、ラサから格爾木《ゴルムド》に向けてバスは出発した。格爾木は青海省の都市で、青蔵公路の要衝。ラサから陸路で北上してシルクロード新疆ウイグル自治区を目指すのだ。中国はオフィシャルは全て北京時間のため、出発時はまだ暗く、大通りにも人はまばらだ。

街を抜けると空が白み始め、景色は黄土色の山脈へ変わってきた。遠くに雪山が光る。バスの運転手はチベット族。紺の作業服に銀の腰刀を下げている。いなせなトラック野郎系。客は私と日本人青年を除けば現地の人だけだ。

昼すぎに草原で休憩。そこにはチベット人民家があり、おばさんは私たち外国人を家に招いてくれた。私は風邪で疲れ気味。おばさんはザラメをたっぷりガラスコップに入れ熱湯を注ぎ、花巻と一緒に供してくれた。花巻は中国一般に食べられている具のない蒸しパン。少しボソボソするのでちょっと苦手かな？なんて、失礼な事が頭に浮かぶも、おばさんは、遠慮しないでと言わんばかりに、花巻をまた勧めてくる。「トイレはどこですか？」と聞くと、私のかばんに花巻3個を押し込むと、外に案内してくれた。小上がりの階段を上ると、当時中国では普通だった、仕切りのない穴だけが五つ開いた大きな空間があった。おばさんと並んで用を足す。穴の下をのぞくと、さっきバスの周りにたむろしていたヤギの集団が駆けていく。ああ、私も草原の一部なのだと妙に実感。感慨深い。

夜10時、セド着。5千メートルの峠に野戦病院みたいな宿がある。屋根はあるが、土間にスプリングの切れたベッドが並んでいるだけ。布団も枕も湿気でベトベトだ。

「トイレは？」。また外。しかも、かなり離れた小屋だ。向こうに小さい明かりが見えた。暗い道、見上げると天の川が見える。まるで黒い布に隙間なく星を縫い付けたようだ。情けなさが先に立ち、ぼうぜんとたたずんだ。

夜中、宿は人の出入り多く眠れない。午前5時半、起床。6時、出発。気合の入った運転手は今日も明るい。ヤンチャ

ナチュからゴルムドに行く途中、バス休憩で寄った食堂の窓から

「ある日チベットで」

な漢族の青年たちを中国語で怒鳴りつけながらバスは進む。10時、休憩。運転手の手持ちのポットからバター茶をごちそうになる。バスは日本製。ロゴを見せながら、日本車は「グッ」と親指を立ててゴキゲンだ。昼休憩には「メシメシ」と日本語まで出てきた！　峠の食堂は美しい雪山が見渡せた。喜んでるのは外国人2人だけだが、旅の疲れが飛ぶほど爽やかな風景だった。午後3時すぎ、格爾木駅に到着。本来ここで下車だが、招待所まで送ってくれるという。

「トルファンに行くの」と私が言うと「仏さんのいる所だ」と合掌した。そう、新疆は今はイスラム教の民の土地だが、古来仏教が長く栄えた場所。仏教遺跡が残る地域なのだ。

彼は私からのお礼を固辞して、颯爽と去っていった。つらい旅路が宝物に変わった瞬間だった。

旅のメモ

北京時間

中国は東西に広いが、全国で北京を基に標準時が使用されるため、西蔵や新疆では実質上の“時差”が生じる。日常の生活は現地時間で進められるが、飛行機や長距離バスは北京時間なので注意が必要だ。

初めてのインド

温かいパンと穏やかな聖地

　中国西蔵自治区ラサに1週間滞在した後、新疆ウイグル自治区に足を延ばしたが、いつもラサのことが私の頭をかすめていた。旅の翌年に美大の卒業制作があり、何かチベットに関するものが描きたいと想いは勝手に膨らんだが、現実は甘くなかった。1988年、中国はチベットの門を突然閉ざした。気落ちした私に「チベット人はインドにもいる」と恩師が一言。その手があったか！　後先考えず、その秋、インド・ネパール旅行に臨んだ。

　カルカッタ（現コルカタ）に到着したのは夜。空港からタクシーは、路上の牛を避けながら進む。カオスのインドに到着だ。暑い、人だらけ、物売りと物乞いをくぐり抜け、何とかデリーまで北上し、長距離バスで10時間、ダラムサラへ向かった。ダラムサラは元々避暑地であったが、1959年にダライ・ラマ14世が亡命してチベット亡命政府を樹立、チベット人の聖地になった。

　宿はメインロードのチベット寺院の前に取った。2階の部屋からお寺のマニ車の回廊が見える。どこからか牛がやってきて、門に入ろうとする。牛をお坊さんが叱っている。のどかで、インドの喧騒《けんそう》が夢のようだ。

　洗面所で洗濯をしている日本人と出会った。「こんにちは。どこから来たの？」と聞くと、「言葉が分からないよ」と英語が返ってきた。青年は母親と巡礼に来ていたチベット人だった。彼はTシャツにジーパン、スニーカー。日本のバックパッカーと何ら変わらない。そう、私たちは同じモンゴロイドで、似ていてもおかしくない（インドの彫りの深い人々に囲まれて、改めて気が付いたかも）。

　青年はおぼつかない英語で旅する私を気遣ってくれたのか、ダラムサラの図書館や見晴らしの良い場所に案内してくれた。そしてホテルの部屋で母上を紹介し

2003年カリンポン。イギリス植民地時代の面影が残るインドの避暑地。

「小さい遊牧民」

てもらい、スケッチさせて頂いた。彼らは「カリンポンというブータン国境近くの町でレストランをしている」と話してくれた。

朝、誰かが部屋をノックする。青年が白くて丸いパンを抱えて立っていた。「チベタンブレットだよ」水と小麦でねった素朴なパンは焼きたてで、寒い旅の朝を温めてくれた。熱々のチベタンブレットと穏やかなダラムサラは、チベットの人たちの生活に触れた最初の1ページとなった。

旅のメモ

チベットのご馳走はやはり「モモ」(名前もカワイイ)。小麦粉を捏ねて薄く伸ばした生地で具を包む、小籠包や餃子に類する。具はヤク牛、マトン、野菜など。蒸したものが主流だが、「コティ」と呼ばれる揚げたものもある。

良き戦友との出会い

3度の偶然、撮影旅行に同行

日本で会ったことがないのに、外国で3度会った人がいる。1度目は、中国から日本に帰るフェリーの中。2度目は、日本から中国へ渡るフェリーの中。そして3度目は、インド国内線デリーからラダック行きキャンセル待ちのロビーだった。

1度目はあいさつ程度だった。2度目はお互いチベット行きが目的だと分かり、少し盛り上がった。彼は陸路でラサを目指していて、私は飛行機でとにかく早くラサに行きたかった。故に上海で別れた。3度目、キャンセル待ちの列の中、見覚えのある顔を見つける。まさか？　彼かしら。でも、名前が思い出せない！

前年のインドで少し鍛えられた私は、最北端ラダックに興味を抱いた。国境に囲まれたラダックは長く鎖国状態が続いたこともあり、未知の領域だったが、本来は西チベットの文化圏だ。「小チベット」と呼ばれるほどチベットの伝統文化を色濃く残している地域でもある。

私と彼は当時週2便しかない飛行機に、長いキャンセル待ちの末、ようやく乗ることができた。彼は、後に日本ラグビー協会オフィシャルフォトグラファーを務める長岡洋幸氏。当時は新米カメラマン。チベットの写真はライフワークだった。

中心街レーに着くと「そんな靴履いてんの？」と、彼からダメ出し。登山屋でトレッキングシューズを買うところから始まり、（彼いわく）軽いトレッキングに同行することにした。レーの街からローカルバス（度々止まるし、ヤギも乗る）で半日かけてラマユルに到着。お寺の宿坊に滞在し、村でラバと案内人を手配してワンラを目指す。4時間も歩いただろうか、山道から突然視界が開けた。青い麦畑、菜の花の黄色が目にまぶしく、水路の音が耳に優しい。あまり歩き慣れてない私にとっては楽園に到着したような気分だ。無口な案内人は麦畑の向こうの立派な民家を指さした。そこが私たちの宿なのだ。

ラムおばあちゃんの孫。民族衣装ゴンチャスを着ている。

APHI(アピ=ラダック語で「おばあさん」)

その家は村の庄屋さんで、家族を仕切っているラムおばあちゃん、娘さん、お孫さんと3世代住んでいる。昔の日本の大家族のようだ。家の1階は家畜小屋、2階がリビング、3階に屋上、トイレ。食事は2階で、かまどの横に細長いテーブル、チベット絨毯《じゅうたん》に座ってご家族といただいた。大きなヤカンにチベットのドブロク「チャン」が運ばれてきた。

客人のお椀に「ドンドン」と言いつつ、なみなみと酒は継ぎ足される。ここは3千メートル超えの高地。酔いの回りも早い。「ティケ、ティケ」(もう十分です!)

次の朝、彼はダニに、私はノミにやられていた。それでもおばあちゃんのりりしい姿やかわいい子どもたちを描いたスケッチは何物にも代えがたい収穫だ。もちろん、私が彼の撮影助手として腐心したことも追記したい。チベット写真家として活躍している彼とは今でも良き戦友である。

旅のメモ

ラムおばあちゃんの「ドンドン」はチベット語で「トゥントゥン」(飲め飲め)の意味。日本人が聞くと「ドンドン飲め飲め」に聞こえる。
チベット語は少し離れた所から聞くと日本語と聞き間違えることがある。中国語は四声があり、上がったり下がったりと音楽的だが、チベット語も日本語も割に平坦な発音なので、ヒソヒソ話に向いている言語かもしれない。

ただ今修行中

親元離れ寺で学ぶ小坊主

インド最北端ラダックの語源は「峠（ラ）を越えて（ダック）」だという。たくさんの峠を越えて私も3度ここを訪ね、チベット文化の奥深さを学んだ。

空港近くのスピトクでは砂曼茶羅《まんだら》の儀式を拝観した。2週間もかけて、お堂の床に色砂で美しい曼茶羅を描き、読経し、最後は崩して川に流す。美術ではなく、あくまで宗教行事なのだ。ヘミス寺のツェチュ祭は、僧侶が仮面をかぶり、仏教の教えを物語にして踊る。アルチ寺には11世紀の壁画が残り、圧巻の美しさだ。そして、どこのお寺でも出会う小さな存在に心惹《ひ》かれた。

レーの街から20キロ、ティクセ寺は村の裏山にそびえ、ポタラ宮（ラサにある代々のダライ・ラマの宮殿）に似た姿が青空に映える美しいお寺だ。ここは小坊主の数がかなり多い。昔から子どものうち1人をお寺に預けて僧侶にする習慣がある。教育も担っていたからだろう。

お茶をごちそうしてくれた
小さなお坊さん

最初の訪問では、小坊主たちはお堂前の広場で英語の授業を受けていた。昼になると大きな鍋にジャガイモカレー、炊いたお米が運ばれ、ランチタイム。お裾分けにあずかった。小坊主たちは、もちろんお経も学ぶし、読経の間に大きなヤカンでお茶を配ったりと、大忙し。お行儀もよく、子どもらしいやんちゃな瞳も健在だ。

2度目は、前年に結婚した夫を連れて訪れた。夫は高地で耳鳴りがするとこぼしていたが、ここのカレーと英語をしゃべる小坊主に感心していた。見学を終え、見晴らしの良い場所で私は風景を描き始めた。小坊主たちが寄ってきて、絵

旅のメモ

ラダックではよくローカルバスを利用した。本数は多くないが、近場のスケッチには便利だった。帰りの時間を調べておくと、遅れることはあったが、なんとかレーの街までたどり着けた。時にはヤギ連れ、生きた鶏（アミカゴに入っている）のお客もいる。長距離バスはチケットを買って乗り込むが、山道で手を挙げる人々をすべて拾って前進する。混んでくるともう息もできないくらい。挙句の果、乗客はバスの上の荷物置き場に登り始める。基本禁止だが、当時はよく見かける光景だった。

「Chun jun（小坊主）」

をのぞいている。その中に僧衣を着ていない5歳ぐらいの少年が交じっていた。彼はお寺に来たばかり、まだ俗人だ。ドラが鳴った。お経の時間の合図だ。小坊主たちは古参に追い立てられてお堂の中へ消えていく。なぜか少年と夫が言葉も通じないのに、そこに残って楽しそうに遊んでいる。まだあどけない少年の顔もスケッチに写し込んだ。

ティクセは良い環境のように思えるが、親に甘えたい盛りの子どもには違いない。家から離れること自体が修行だと感じた。

ただ今修行中。小坊主たちを思い出す時、そんな言葉が浮かんでくる。万年修行中の私にとっては、アイデンティティーと勇気を与えてくれる大事な存在でもある。

ヘミス寺 仮面舞踊の祭り

回廊まで人がいっぱい

古い絵はがきに目がくぎ付けになった。角がある獣、骸骨、金色顔の仏、三角帽の僧侶、仮面をかぶった人々がズラッと並んでいる。頭をすっぽり覆うかぶり物で着ぐるみの頭部に近い。なかなかの迫力だ。

チベットには僧侶が仮面を付けて踊るチャムというお祭りがある。はがきはラダックのヘミス寺のもので、その豪華さから外国からツアーも出ている。本物を見たいが大きな祭りは人だらけで苦手だ。でもラダック滞在中(1992年5〜7月)、ちゃんと見ておこうと思い直した。

祭りの正式名はツェチュ祭。チベット暦5月10日に1週間の日程で行われる。仮面舞踊劇は最後の2日間だ。

7月、ヘミス寺の周りは食堂や土産物屋のテントが張り巡らされ、地元民も外国人もテント泊で祭りを楽しむ。ヘミス寺はレーから43キロ。インダス川の反対側にある。私はレーで知りあった日本人2人と借りたテントで一泊したが、風邪気味のGさんは祭りも見ずに帰ってしまった。

「夜話」 ラダックの祭りのイメージ。上部がチャムのお面

朝、お寺の門が開くと、大勢の観客がなだれ込む。お堂の前の一角だけで祭りは行われるが、回廊の上まで人が一杯だ。私の隣は日本人の団体客だったが、頭に包帯を巻いている。「昨日バスが横転してね」。ラダックは道路事情が悪く、事故も多い。祭りに来るのも命がけだ。

僧侶たちとリンポチェ（高僧の生まれ変わりの認定を受けた僧侶）がお堂から出て着席するとお祭りが始まる。パドマサンバヴァ（8世紀末にチベットに仏教を伝えたインドのヨーガ行者）の誕生日を祝う舞踊劇で、音楽に合わせて大きなかぶり物の守護神、憤怒尊、仏の化身たちが舞い踊る。骸骨（着物に骨が描かれている）は道化も兼ねているのか、彼らだけ声を出し、聴衆を沸かせる。

お昼休憩。1度外に出て昼食を取る。雰囲気は味わえた。これでやめておけば良かった。が、「最後まで」と誘惑に勝てず、午後は回廊の上に出る。屋根まで人で一杯。何も見えなかったが、団体客が時間切れで去るとかなり空いた。と、いつの間にかベランダの前に押し出された。そうなると、押し合いへし合い。横入りする人、「順番は守ってください！」と私も必死で抵抗。祭りどころじゃない。「日本人が勝った！」。後ろの西洋人がからかっている。終わった時にはクタクタだ。私も大人げなかったかも？

階段を下りると、「写真を撮って」と呼び止められた。おじいさんと孫、田舎から祭りを見に来たという。その素直な笑顔にちょっと救われた。

「祭りにヨソモノは謙虚であれ」。その時深く心に刻んだ。

ヘミスの対岸にあるサクティーの寺。岩をくり抜いてお堂ができている。

旅のメモ

ラダックは仏教徒だけの地域ではない。イスラム教徒が多く生活しており、モスクも存在している。印象的だったのは、ヘミス寺のお祭りの後、すぐに「アーシューラー」というシーア派の宗教行事がレーの街で行われたことだった。預言者ムハンマドの孫ホセインの殉教を傷んで、通りにたくさんのムスリムの男たちが集まり、自らの胸を叩きながら（痛みを感じながら）行進する。それは静かな行進なのだが、興奮して泣き出したり、暴れ出す人もいて、救急車が付き添いながらの迫力のある行進だった。

砂マンダラの世界

静止画にはない「何か」

１９９０年、インド・ラダック。空港に近いスピトク寺（15世紀創建。ゲルク派）で初めて砂マンダラを見た。お堂の床に白いチョークでマンダラの図形が引かれ、僧侶たちが周囲から細い筒を使い、色砂で彩色していく。制作は中盤あたりだった。

１９９２年６月にラダックを再訪し、３カ月滞在した。砂マンダラの情報を得て再びスピトク寺へ。今回は過程をもっと見たい。

マンダラは仏教の世界観を絵にしたもので布や紙に描かれるが、砂マンダラは宗教儀式であり、形として残すことを目的にしていない。まず地面を清めてマンダラの骨組みを線で表す。数人の僧侶がチャクスプルという細い筒に色砂を入れ、棒でしごいて少しずつ画面の上に色を置いていく。接着剤は使わないので色砂は動く。集中力が要求される作業だ。完成には二週間ほどかかるという。黒い地面から次第に美しい色彩が現れるのは、闇から芽が出て花が咲いていく過程のようだった。

絵は残すために描くのだと学んできた。でも砂マンダラは、完成すると法要が行われた後、僧侶により壊される。色砂は望む人々に分け与えられ、その他は川に流す。完成間近まで寺に通ったが、川に流すところにはどうしても足が向かなかった。私は現世の美に執着があるのだ。壊れたマンダラを見たら泣いてしまうかもしれない。根性なしである。

１９９４年に中央チベットを旅して再び砂マンダラに出会った。ラサから南西２６０キロにあるギャンツェの白居寺へ向かう。巨大な白い仏塔、パンコル・チョルテンが有名な寺だ。

塔の横の大集会堂から拝観した。広間に大きな砂マンダラが三つもあった。読経が鳴り響く中、そのスケールの大きさに見入った。マンダラの中にはお布施の紙幣がそこかしこと投げ入れられて、色砂が微妙に動いている。その揺らぎは完成したての完璧さよりも生々しい。お経の中で鼓動しているように感じた。そこには静止画にはない何かがある。

「何かって、何？」

野菜売りの老婦人。ペラッグという頭飾り、ヤギの毛皮のマントを着けている。

「夜が来るよ」

頭が膨らんだまま、メインの仏塔を見るのも忘れて帰ってしまった。年月を経ても、あの臨場感は忘れがたい。そして「何か」の問いを抱え込んだまま、砂マンダラの最後を見る勇気をいまだに持てずにいる。

旅のメモ

目玉のある仏塔

白居寺の仏塔には、金色の相輪の下に大きな仏眼が描かれている。「ブッダアイ」と呼ばれ仏陀の智慧の象徴だという。同様に仏眼が描かれた有名な仏塔に、ネパールのカトマンズのスワヤンブナートとボダナートがある。

ほおずき村の人々

少数民族が見せた白日夢

1986年、中国・南京の列車切符売り場。私は友人と進まない長い列に並んでいた。たばこの煙が充満する中、暇な中国人と筆談する。オジサンが私に渡したメモは「(あなたは)少数民族(ですか)」とあった。しゃべれないけど、漢字が分かる、インド綿の柄物ジャケットを着た〝私〟のことらしい。「日本人」と答えたけど、民族名とは少し違う。民族ってなんだろう。新しい問いと出合った。

その後、チベット族を追って旅を重ねたが、そこには多様な民族が共存していた。イスラム教徒の回族や、ウイグル族との交流も多い。

インドの最北端ラダックではエキゾチックな人々と出会った。レーでは、毛糸の帽子にほおずきを飾った彫りの深い男性に絵を描かせてもらった。女性は三つ編みの頭にほおずきやリボンを飾り付ける。彼らはアーリア系民族のドクパ。パキスタン国境近くのドクユル地方に住んでおり、レーには野菜や果物の行商に来ていた。

1992年当時、彼らが住む地域に行くときにはデリーで許可が必要だった。南のテミスガムの祭りに彼らはたくさんやって来る。6月の満月にブッダ・ジャヤンティー、お釈迦様の誕生祭がある。日本人3人と一緒に行くことになった。祭りの2日前に出発。当時テミスガムには宿がなく、前回の旅行で泊めてもらった教師宅にかろうじてたどり着く。

前夜祭の昼、人々が集まりだした。川沿いを歩くと、あちこちで車座ができ、酒宴が開かれていた。ドクパの人々も男と女に分かれ、向かい合って円陣を組んでいる。ずうずうしくも私は女性の輪に入り、つたない英語で許可をいただき、ご婦人を描き始めた。深い彫りと濃い眉毛がすてきだ。

と、いつの間にかチャン(チベット発酵酒)のコップがまわってきた。少し飲んだらすぐ継ぎ足す、ラダック名物の飲め飲め攻撃だ! なんだかフラフラする。皆上機嫌。異国の中で異国に紛れ込んだようだ。

2006年、ドクパの女性。レーにて。

「ほうずき村から来た」

宿に帰って友人に報告する。彼らもカメラ片手に散策に行ったが、「そんな宴会やってなかったな」。アルコールのせいで記憶にオブラートがかかるが、今思うと、それはラダックの少数民族が日本の〝少数民族〟に見せてくれた白昼夢だったのかも知れない。

旅のメモ

ドクパ

彼らは千年ほど前にギルギットから移り住んだといわれている。
本来は独自の宗教を持っていたが、今は仏教徒。彼らが住むダハヌやゴマハヌはアンズやチェリーの産地だ。パキスタン・フンザに同じルーツを持つ民族が存在し、古来の信仰を守っている。

ラダックでの出会い

チベットでは、お坊さんに世話になることしきりだ。ラダックでは僧院、個人の宿坊にも泊めて頂いた。近年では旅行社と組む若い僧侶ガイドもいる。

スピトク寺院のお坊さん

小坊主

レー王宮跡近くのお坊さん

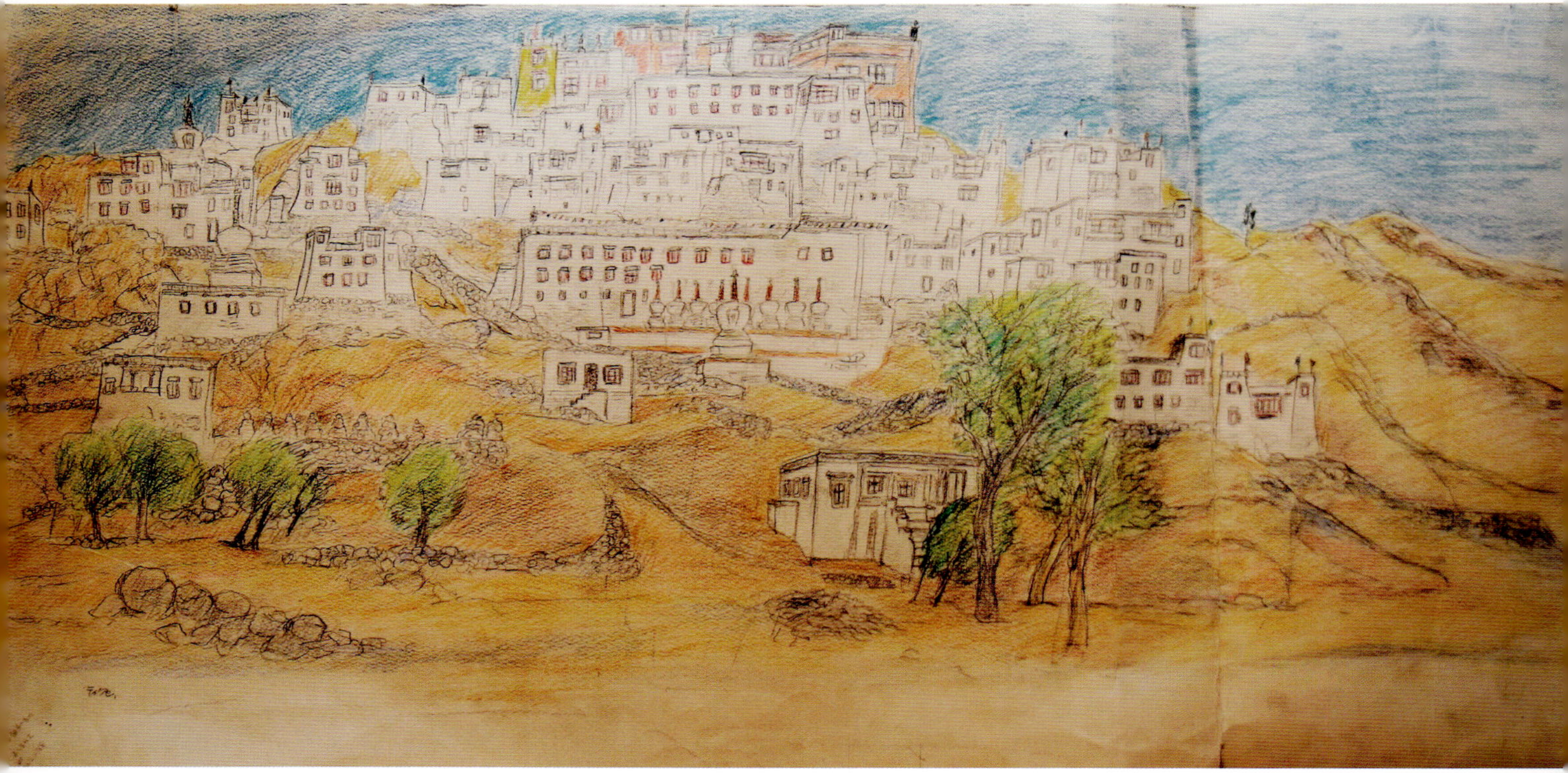

▲ティクセ・ゴンパの全景

◀「水晶の翼」　チベットの山を水晶の翼に喩えて故郷を賛美する愛唱歌があり、その歌のイメージで制作した。

巡礼の男

五体投地していた、深い瞳

「ラサに入れるらしい」

旅仲間から情報を得て、1994年に再び中国入りした。ツアーなら西蔵自治区に入境可能。旅人は到着した成都で何度も旅行社に通い、人数が集まると「ツアー」になり、飛行機でラサへ。到着すると、適当な宿に振り分けられる。ともかく、到着。

ラサは注目度が高く、旅行制限は年々厳しくなる一方だが、当時は入域すれば、なんとか動けた。近郊のシガツェ、ギャンツェなどへ足を伸ばした。そしてラサ滞在中はパルコル通いにいそしんだ。ジョカン寺をぐるりと囲む通りがパルコルだ。たくさんの商店、露店が軒を連ね、巡礼の人々がやってくる。ラサから遠く離れた地域にチベット人居住地が存在し、同じチベット文字を使うが、方言も多様で、服装にも独自性を持つ。そんな彼らも大勢やってくるのだ。父と巡礼に来たパンデン（チベットエプロン）を巻いたイナセな帽子の少女、絶対描きたい！と交渉。カム（四川省辺り）の商売人は自慢の新妻を紹介してくれた。アムド（青海省辺り）のソナムさんは旅行者には有名な商売上手だ。買い物を条件に、よくテントの中で絵を描かせてもらった。

父親と巡礼に来た少女。

その日、パルコルで五体投地をする男に出会った。五体投地は五体（両手、両膝、額）を地面に投げ伏して祈る最も丁寧な礼拝方法で、一度の祈りに身の丈だけ前に進む。遠い故郷から祈りながら聖地に向かう人もいるという。男は長い髪を後ろに縛り、なめし皮の前垂れをして、草履のような手のカバーを付け、祈りの言葉を唱えコルラ（聖地を時計回りに歩く礼拝法）をする。厳しい後ろ姿にぼうぜんとして見とれた。

しばらくして、近くの茶館の店先で老人と話すその人を見つけた。私はアタフタして、身ぶり手ぶりで「描かせて！」と必死に交渉。なんとか理解してくれた彼は、しばらくの間、私に付き合ってくれた。深い静かな瞳だった。描き終わるころ、「もういいか？」というふうに彼は

「巡礼の男」

席を立った。何かお礼をしなくては。でも何を？　私はダライ・ラマのブロマイドを彼の手に押し込んだ。彼の顔が一瞬ほころんだ。軽く握手を交わすと、彼は足を引きずりながら店を後にした。

チベットの苦難の歴史を思う時、彼の瞳が繰り返し問いかけてくる。長い祈りの向こうに彼は何を見つけたのだろうか。

旅のメモ

ダライ・ラマ14世のブロマイドはインドのダラムサラ他チベット人が多く住む中国以外の地域でよく売られている。中国の西蔵自治区などでは当時お土産に喜ばれたが、現在は持ち歩いて人にあげることは中国本土で禁止されている。

サムィエ 星の降る宿

のどかな里、夜空広がる宇宙

マンダラの形をした集落がある。朝8時半にバスでラサを出発。道路工事のせいで6時間もかかってヤルン・ツァンポ川の船着き場に到着。乗合船で川を上る。川は広くて美しいが、強い日差しに1時間さらされる。日陰がないってこんなに暑いんだ。岸に着くと、乗り合いトラックが集落まで送ってくれた。

サムィエ寺は8世紀に建てられたチベット最古の僧院で、大本殿を中心に四つのお堂と仏塔が建ち、その全体を円形の塀で囲んである。上から見るとマンダラの形だ。私の訪れた1994年は、お堂の修復の最中で、周りは木材などで少し雑然としていた。東側にあるヘポリ(丘)に登ると、マンダラの形がよく見える。そこにもお堂があり、若い僧侶と白猫が坊守をしていた。

丘の上のお堂でお茶をいただき、外でマンダラの集落を写生し始める。マンダラの塀の周りは麦畑で、緑が目に心地よい。描いていると、白黒の猫がやってきて、画板の下に潜り込み昼寝を始めた。天気がよく人気もなくのどかな時間。ラサの騒がしさがうそのようだ。

当時、寺の境内に大部屋が2室のみの巡礼宿があり、巡礼者と西洋人は別々に泊まった。日本人は巡礼者の部屋に入れられた。病院みたいな簡素なベッドが並ぶ部屋で、昔の木造校舎の歪んだガラス窓が、部屋全体をぐるりと囲んでいた。カーテンはない。見晴らしは良いが寒そうだ。

1994年のサムィエ全景。

暗くなっても巡礼者はひっきりなしに出入りする。彼らは暑がりなのだろうか、ドアを開けたら閉めない。5月だったが標高は3500メートル。夜は冷える。ドア付近の私は何度もドアを閉めに動いた。わざとかな、と諦めかけたそのとき、むき出しの窓に星がまばたいているのに気が付いた。「あ、流れ星」。ベッドに横になってそのまま見る流れ星。しかも、短時間に何度も星が降り注ぐ。私は起き上がってドアを抜け、トイレのあるデッキに出てみた。空いっぱいの星か

「星夜」

ら、時々星が落ちる。小さく発光する遠い花火みたい。宇宙の中心にいる気分に浸った。

２日間、丘からマンダラの寺を描き、帰りは人間と大きな牛も同乗して船は川を下り、ラサに戻った。後年、ヤルン・ツァンポ川には橋もかかり、お堂も立派に修復されたという。今でもマンダラの里に祝福の星は降り注いでいるだろうか。

旅のメモ

サムィエ寺

8世紀、吐蕃国のティソン・デツェン王により建立。ヤルン・ツァンポ川の北側にある。

スペシャル・プジャの日

政治に翻弄、決断の人生

1994年5月8日朝6時半。夜中の大雨は止んでいたが、異常な寒さだ。ダウンを着てバス停へ。スペシャル・プジャ（法要）の情報を得て、私を含め外国人8人で臨時バスに乗り込んだ。ラサから北西70キロ、ツルプ寺へ向かう。雪が降り始め、かなりの吹雪になった。放牧のヤクや野ウサギが雪まみれで目の前を通り過ぎる。2時間で到着。雪は小降りになっていた。

寺の境内に参拝者が集まる中、お堂の2階から子どもの僧侶が付き添いに囲まれて降りて来た。そして拝観者の入場もようやく許された。あの子どもはトゥルク（高僧の生まれ変わり）なのだろうか。

お堂内では、錦で飾られた衣装の僧侶たちが円陣を組んで踊り始めた。長い袖を振りながらグルグル回る。堂内は暗いが、懐中電灯を時々つけながら私はスケッチを始めた。すると私の周りに小坊主が集まり始めた。踊りながら絵を見に来る僧侶もいる。少し年長の小坊主がニンマリ笑って、懐からキャンディを出し、私にくれた。隣の子坊主を絵に描くと「欲しい」と言う。絵をあげると、例の小坊主がキャンディをくれる。別の小坊主が来たので、また絵を描く、あげる、懐からキャンディが出てくる。まるでコントだ。思わず噴き出す。

プジャが終わると謁見《えっけん》が始まる。あの子どもの僧侶だ。「カメラと刃物は預けて、早く行け」と小坊主に急がされる。お堂前の高御座に古老の僧侶にかしずかれた姿が見える。参拝者は頭を垂れ、小さい聖人に祝福を受ける。長い列。ようやく私の番になった。小さい聖人は人の多さにうんざりしているように見えた。キャンディ小坊主よりずっと幼い。なんだか切ない。頭を下げると、彼は赤いひもでつり下げている小さい鐘を私の頭にゴツンと遠慮なくぶつけた。痛いなあ！お守りの赤いひもを頂いて首に巻く。

境内はおしゃれした遊牧民も多く、皆

ラサ、ジョカン（大昭寺）の境内。ラサの繁華街。

「ペマ(蓮)」
ツルプ寺で会った遊牧民の少女

楽しそうだ。帰り道は雪も解け、畑の緑が顔を出した。季節が半日で移り変わったようだった。

後日、幼い僧はカルマパ17世であることを知った。彼は2000年にインドに亡命した。その時14歳だった。後に19歳になったカルマパのインタビューを読むと「仏教を正しく学ぶためにインドに亡命した」とあった。政治に翻弄《ほんろう》され、幼くして決断を迫られる人生だったのだ。苦虫を噛んだようなトゥルクの顔と屈託のない小坊主たちの笑顔を思い浮かべ、少し痛い祝福をもう一度かみしめた。

旅のメモ

トゥルク

高僧の死後、生まれ変わりの幼児を探し、その地位を相続させる。化身という意味。日本では活仏と訳されることが多い。
カルマパはカルマ・カギュ派のトゥルク。カルマパ16世の死後、17世の認定にはカギュ派内部で意見分裂が発生、その勢力の大きさゆえに中国政府にも注視される存在だった。カルマパのインタビューはスイッチ・パブリッシング「COYOTE」(No.5=2005年)に掲載された。

第2の都市シガツェ

宿から眺める人々の日常

それは眺めの良い宿だった。

2度目のチベット行きで、チベット第2の都市シガツェを訪れた。ラサからバスで6時間、旅人はほぼ、テンジンホテルにたどり着く。私が滞在した1994年辺りには外国人が泊まれる宿は少なかったのだ。主人は陽気でお調子者。日本人には「アリアトー（ありがとう）」とご挨拶。

3階に上ると、そこからシガツェ故城が見渡せる。王宮跡は文化大革命の後、人民解放軍に破壊され、当時廃虚同然だったが、威風堂々とした石垣に栄華をとどめ、ひっそりとたたずむ姿は心を打つものがあった。「なんて美しい！」。私がはしゃぐと、主人は部屋代を10元まけてくれた。

3階の廊下で2日間写生した。宿は家族経営なのか、2階の踊り場にはいつも身内らしき人々がたむろしていた。女たちは家事に忙しく、子どもが猫と遊ぶ。男たちは頻繁に集まり賭け事に興じた。隅っこにはいつもおばあちゃんがちんまり座り、マニ車を回し、読経している。横に座ってその姿を写生していたら、どこからか首飾りが出てきておばあちゃんはおめかし。「これも描きなさい」と言わんばかりだ。いや、首飾りよりおばあちゃんがすてきです。

宿の前に小さな自由市場があった。すぐ人の脚にしがみつく、赤子を背負った子どもの物乞いがいる。団体旅行の西洋人とドルで商売する逞しいおばちゃんもいる。寺から里帰りした小坊主が弟と仲良く買い物をしている。そこの日常が垣間見られるから市場は楽しい。

市場を南下して西の道に入り、しばらく行くと、大きな門があり、お坊さんが野良犬に施しをしている。ここはゲルク派六大寺院の一つ、歴代パンチェン・ラマの寺、タシルンポ寺。1989年に逝去した10世のミイラを収めた豪華な霊塔も完成していたが、11メートルの塔の高

「シガツェ故城」 1994年テンジンホテル3階からの眺望。

さに、そのお姿を遠く感じたのみだった。

「カイラス（チベット自治区最西部アリ地区にある聖山）行きのトラックが来るらしい」。宿にうわさが流れた。シガツェはチベットの旅の要所で、ネパール国境のバスもここから手配できた。ギャンツェを回って、その後ネパールに行く予定だった私も、憧れのカイラスに心が揺らぐ。

翌朝、寒い。5月なのに大雪。町も寺も故城もしっかり埋まってしまった。一歩も宿から出られず、トラックなど来るはずもない。震えながら見る故城の雪景色は、ただただ美しい。「チベットを甘く見るなよ」と天からの声が聞こえた。

旅のメモ

マニ車（マニコロ）

円筒形で中にロール状の経文が入っている。携帯用は小型で持ち手がある。大型は寺の境内に回廊のように立ち並び、マニ車を回しながら右回りにお参りする。いずれも回転させた数だけ中の経文の功徳があると信じられている。

「いのりの風」

ネパールボーダー

初めて見る国境、少しの開放感

国境を越える。海に囲まれた日本に育ったからか、その言葉にイメージが持てなかった。中国で日本列島の3倍の距離を移動して、新疆ウイグル自治区で青い瞳の人に出会った。上海や北京から来るとそこはもう外国のよう。民族も文化も言葉も違う。でも同じ国の中なのだ。あと少しで国境だと言うが、国境は越えてはいない。その時初めて国境を意識した。

2度目のラサ入りで、バックパッカー定番であった中尼公路（尼は尼泊你（ネパール）。ヒマラヤ越えの道）を通り、陸路でネパール国境を越えるコースをたどることにした。国境を見たいと思った。

旅の後半、宿の掲示板に国境へ行く人の募集メモを見つける。6月13日、ネパール大使館でビザを取得。15日、日本人数人とシガツェに移動。16日、Sさんがシガツェホテルで、ラサに旅行者を運び空になったバス（国境に帰るのでお客を探している）を見つけ手配をする。17日、出発。

町を過ぎると、バスの窓には長く岩山の風景が続く。標高が高いので樹木は少なく、緑は背が低い。次第に砂漠のような世界が広がる。と、突然、目の前が開けて、菜の花畑が広がった。渓谷に菜の花の黄色のじゅうたん。真っ青な空にまぶしい雲が流れる。人の気配はまるでない。「あの世って、こんな景色かも知れないっすね」。隣の席のAさんがつぶやく。

5千メートルの峠を二つ越えると、今度はどんどん下る。3800メートルのニャラムを過ぎると風景が変わる。緑の木々が姿を現し、岩肌から小さい滝がたくさん見える。むしむしする。山陰《やまかげ》からもりもり緑がわいてきて、後ろからブロッコリーの集団に襲われるかのようだ。ダム到着。国境近くの町は緑の息吹にけむっている。あ、空気が濃い。

18日、ダムから国境に向かう。山道を徒歩で下るのだが、舗装道路を歩くとかなり遠い。「近道しよう」。国境を目指す集団が斜面をダラダラと降り始めた。かなり急で、うっかり足をくじいてしまっ

カトマンズ・タメル地区のインターナショナルホテルからの景色。

「ペマ(蓮)」
実際の蓮は標高が高過ぎて咲かないが、仏教の影響で、蓮はチベット人の心の花だ。

た。足は痛いし足元の緑に山ヒルが踊っている。ようやく国境の町、コダリに到着。イミグレーションは小屋のような質素な建物の中にあった。外国人は行儀よく並んでハンコをもらう。小屋を出る。ちょっとだけ開放された気分に浸った。で、国境はどこ？　国境は小さい橋の上にあった。剝げかけたペンキで、1本の線が引いてある。初めて見る国境。向こうはネパール。もう中国じゃないんだ。そんな思いとは関係なく、今日も空は青い。チベットに続いている。そうだ、ラサのハゲワシたちは空の上からこの線が見えるかしら？　見えても見えなくても彼らにはパスポートは必要ないけどね？　カトマンズはまだ遠い。

旅のメモ

ネパールでは時々濃いピンクのお花畑に出合うことがある。それはピンクの蕎麦の花だ。蕎麦の花は白が多いが、ピンクの花は高地栽培に適した品種だという。カトマンズでは日本料理店も多く、日本で修業したネパール人が日本式の蕎麦を提供してくれたりもする。

こたつと「雪の逃避行」

インド目指した若者と見た幻影

チベットの旅を重ねるにつれ、文化や歴史をもっと知りたいと思うようになった。大学の聴講から始め、手探りで文字を覚えて、あるチベット語教室にたどり着いた。主催者は佛教大の小野田俊蔵先生。チベットタンカ（仏画）の授業を聴講させていただき、ご縁ができた。先生の蔵書室のアパートで、在日チベット人が講師、生徒は1人という形式でチベット語を学ぶ。先生が蔵書室を閉められるまで数人の在日チベット人の方々にチベット語を習い、貴重なお話を聞くことができた。

ソナムさんはアムド（中国青海省）の出身。ラサ（中国西蔵自治区）に仏教の勉強に来て、そのままインドに亡命した学者の卵だった。当時は台湾在住で日本に留学中。出会った頃は日本語はできなかった。私のつたない語学力のせいで、授業は英語、中国語、チベット語をジグソーパズルのように組み合わせて会話した。

12月の寒い夜、彼は話し始めた。ラサまで来たが、やはりインドで仏教の勉強がしたい。熱い思いにかられて着の身着のままラサを出奔する。公安に捕まれば命さえ危うい中、雪深い5千メートルの峠をいくつもいくつも1週間かけて越えた—。

亡命チベット人の話を直接聞けるなんて！　私は英語がダメなら中国語、果ては筆談と、必死で話を聞こうとしていた。すると、脚はこたつの中だし、暖房も効いているのに、音のない吹雪が私の周りを回っている。ラサからゴルムドに抜ける5千メートルの峠の記憶がよみがえったのか？

ソナムさんは淡々と寒い辛い旅路の話を続けている。2人の周りが白く烟《けむ》るさまを見続け、頭がおかしくなったかな？　と思いつつ、なぜか幻影をいとおしく感じた。

ソナムさんは論文を書き、日本語が堪能になり台湾に帰っていった。私はあまり上達しなかったが、ソナムさんの明るさとお話の豊かさは今でも大切な宝物だ。

夏河のマニ車の長い回廊で、一休みしている婦人を描いた

蘭州〜夏河・旅の途中で

臨夏。バス休憩、回族の食堂で。

夏河。チベット老婦人は三つ編みがお似合い。

清真(回族)食堂で飲める八宝茶

すごく小さい！ 夏河の桃

蘭州。街の市場。トマトやインゲンが充実。

伝統建築の木枠の飾り窓は、ポップな彩色と可憐な花の描写に心惹かれる。

「ザンブーリンはチベット語で『世界』のことです。まだ地上がなかった頃、ザンブーンと大きな音がして水面に木の実が落ち、リーンと音がして1本の木が生えた。それが世界の始まりです」

　ソナムさんいわく、インドにはその木があるそうだ。いつか本物を見たいと思っている。

旅のメモ

チベット語は中央チベット方言、カム方言、アムド方言の総称とされるが、同じ文字を使いながらも方言に差があり、チベット人同士でも言葉が通じない、ということもありうる。そういうときは、中国ではチベット人同士でも漢語で会話し、インドでは英語で会話したり、ということらしい。

旅で出会った人たち

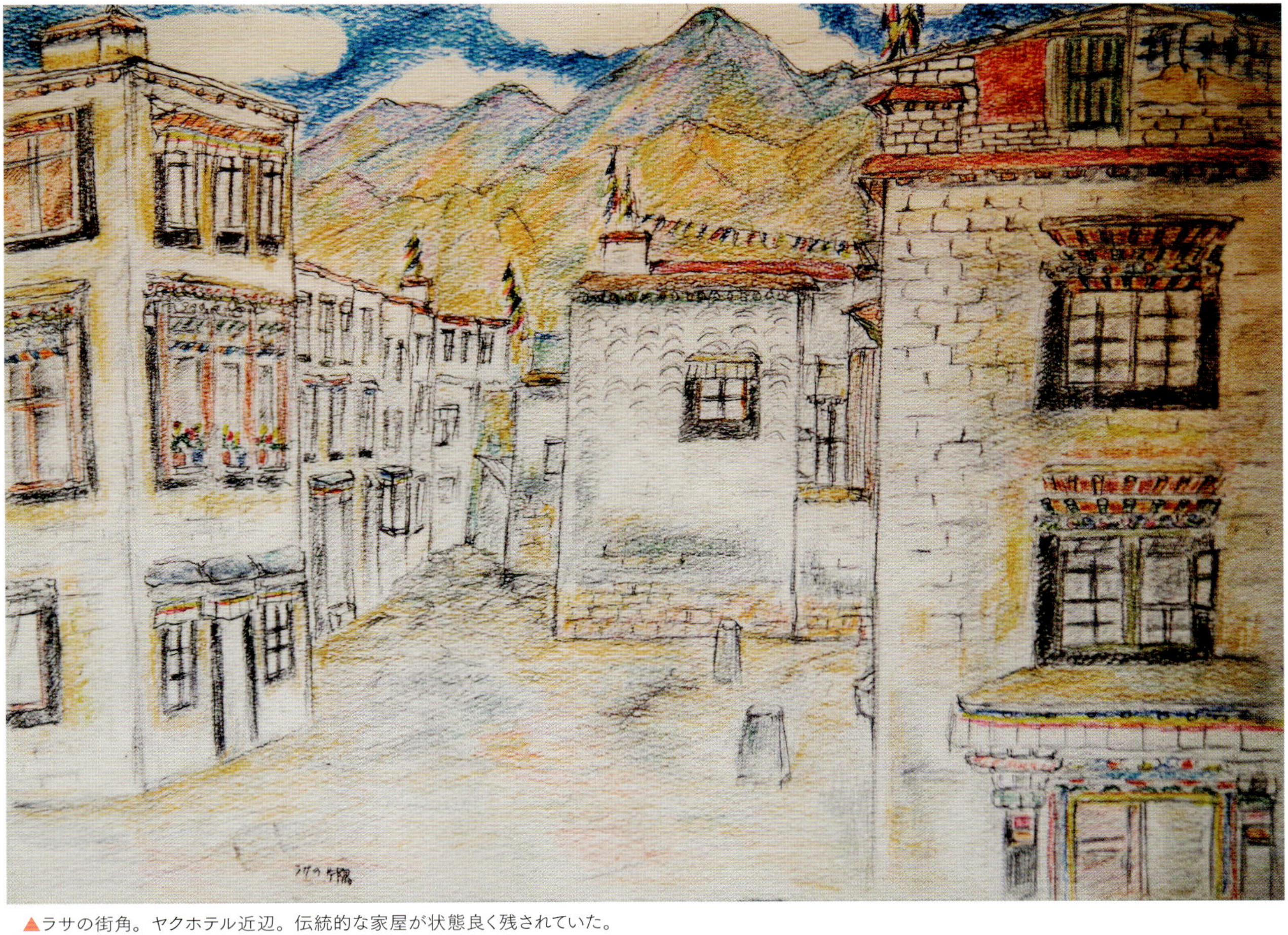

▲ラサの街角。ヤクホテル近辺。伝統的な家屋が状態良く残されていた。

「涙」 観音菩薩の涙から生まれたターラー菩薩の伝説をイメージした。▶

東チベット・ラプランへ

ハードなバス旅の先は青い瞳の街

1996年に3回目のラサ入りをした時だった。前回の旅行で知り合った日本人留学生のKさんと連絡がとれた。それで、気になっていた夏河《シャーファ》について聞いてみた。夏河はチベット名でサンチュ。アムド（東チベット）の東端に位置する。18世紀に建てられたラプラン寺が有名で、土地の通り名にもなっていた。

「西洋人には有名で人気があるの。インドのダラムサラみたいなのんびりした所よ。」

中央チベットは東や西からたくさんのチベット人が集まり華やかだが、政治的にも宗教的にも注目されるがゆえに、どこか緊張感が漂う土地柄でもある。Kさんの言う、のどかな空気の夏河、やはり行ってみたい！

陸路で格爾木《ゴルムド》を越え、鉄道で西寧《シーニン》、蘭《ラン》州《チョウ》を経て夏河を目指すことにする。ラサから格爾木まで、前回はボロバスに乗って5千メートルの峠の小屋（宿?）で3時間の仮眠と超ハードだったが、今回は一応寝台バス。しかし狭い！　バスの後ろは山道で大揺れするから前の席を予約して、と、自分なりに心を砕いてみても、夜中にバスは止まってしまう。そして朝、前方に大きなトラックが横転しているのを確認する。

細い目が開くと、青い宝石のような瞳があった。

6月初め、5センチほど雪が積もった道に乗客は降ろされ、バスはゆっくりと事故車を避け前進した。峠越えは体にこたえる。西寧を経て、蘭州に着いた時はヨレヨレだ。蘭州から夏河までバスで8時間。昼間に到着。思ったより早い。標高2900メートル、低いな、と感じる私もマヒしている。

街は川を横手にメインロードが真っすぐに伸び、宿や商店、寺へと続き、その先は草原だ。寺以外は何もないとはいえ、遊牧民が一張羅のチベット服を着て巡礼にやってくる。見てると元気が出る。

体調を崩していた私は宿で知り合ったツェタンさん（寺で英語ガイド担当の僧侶）に寺の薬局に案内された。そこには大きな薬棚があり、透明なガラス瓶に見たこともない薬草や丸薬が所狭しと並べられ、チベット医学の図鑑に入り込んだよう。そこで黒い大粒、正露丸の5倍はある薬を調合してもらった。どうやって飲むの？　でも気持ちはうれしい。「チベット人は優しいですね。」と言うと、「僕はモンゴル人です」。失礼をしてしまった。モンゴル族も仏教徒。モンゴルからもお坊さんはたくさん修行に来ているのだ。

寺にはマニ車の長い回廊があり、私は毎日出かけてスケッチをした。ある日近くの店をのぞくと、かわいいおばあちゃんが店番している。描かせて、と交渉したが、「ダメダメ、代わりにこの人をどうぞ！」。ベンチで休むおばあちゃんを連れてきた。おばあちゃん、渋々だが数珠をいじくりながら付き合ってくれた。しわだらけの顔、目が時々線になる。が、パッと開いたその目は青色！　おばあちゃんの瞳はシルクロードをたどってチベットの奥深さを私の目の前で開いてくれたのだった。

「アムド　野に放つ」　ラプランで手に入れた凝った刺繍の帯エプロンを描いた。

旅のメモ

ラサからラプラン陸路

6月1日ラサ出発→長距離バス車内一泊→格爾木（三泊）→汽車内一泊→西寧→汽車半日→蘭州（二泊）→長距離バス→夏河9日到着
5千mの峠越えをするので、途中の宿泊は少し多めに設定したが、体調を戻すまでには時間がかかった。

近くて遠い行場

同じ風景を2時間歩く

「峠を越えて」

見えてはいるが、たどり着けない。そんな道を延々と歩いた。

中国甘粛省の夏河は、長いマニ車の回廊で囲まれたラプラン寺（ゲルク派6大寺院の一つ）で有名だ。お寺と草原しかないけれど、遊牧民の巡礼も多く、チベットの雰囲気を堪能できる。観光客は1泊が普通のところ、1週間滞在してスケッチをした。滞在終盤、宿に回族（イスラム教徒の民族）の食堂の青年が草原ツアーの話を持ってきた。なんだか怪しいが、草原は一人では行きにくい。参加してみるか。

当日、街外れにオンボロの送迎バスがやってきた。客は6人。私以外は西洋人の女子。30分ほど草原を走り、チベットの古民家を訪ねる。ガイドの回族の青年はチベット文化を勉強していて、夏河の新しい観光を考え中のようだ。民家の主人がツァンパを用意し、回族の青年が食べ方を英語で説明する。ツァンパは裸麦をいり、粉にしたチベット人の主食だ。お椀にツァンパを入れ、お茶を少量注ぎ、手でこね、器の中で団子状の固さにしていただく。これがなかなか難しい。ベチャベチャになったり、粉が飛び散っ

ラプラン寺を囲むマニ車の回廊。
巡礼者が経文を唱えながら回廊を巡る。

たり、初心者たちは大騒ぎ。なんとか食べ終わる。次がメイン。草原を歩いて僧侶の行場《ぎょうば》跡を訪ねるという。

6月の草原は緑が美しい。最初はピクニック気分だった。しばらく歩くと丘が見えてきた。「あそこに行場があるよ」。上りじゃないし、楽かな?なんて、甘かった!　1時間歩いても丘の大きさは変わらない。草原は平らでも標高は2900メートル。少ししんどくなってきた。スケッチブックが重い。遅れがちの私に「荷物持ってやる」とガイド君は親切だ。でもいつ着くの?他の女子たちもブツブツ。「もうすぐさ」と2時間歩いた!　全行程、風景は変わらず、狐《きつね》につままれたようだ。

行場は丘の中腹にあり、なんとか登った。自然の横穴洞窟のようで、一人がやっと入れる狭い空間。奥に祭壇跡があり、かのミラレパ(チベットの仏教修行者)もこういう所で修行したのかと、ロマンに浸っている場合ではない。日暮れまでに帰らねば。逆向きにひたすら歩く。息切れがする。これは修行体験ツアーなのか?　一瞬、馬に乗った若い女が目の端を横切る。長い髪にシャクナゲの花が美しい。そんなもの、どこに咲いてるの?と思うまもなく視界から消えた。幻覚かしら?確かめる気力も残ってはいない。

行き帰り4時間歩いてバス乗車。安心したのもつかの間、私はポーチを草原に忘れたのに気が付く。「ごめんなさい!バスを戻して!」ああ、なんてまぬけ!ドキドキが止まらない。出発地に戻ると、草原にポツンと赤いポーチ。まるで不安な私の心臓が落ちているかのようだった。

旅のメモ

ミラレパ

チベットの有名な仏教修行者。宗教詩人。父の死で親戚の裏切りに遭い、悪魔の修行をして復讐(ふくしゅう)を果たすが、改心して苦行を重ね、悟りを開いた。
カギュ派の基となった聖人。イラクサを食べて修行したので、その肌は青く変色していたという。右耳に手を当て小鳥の声を聞くポーズで絵に描かれる。

ジェクンドの1週間

人が面白くて、つい長居

「玉樹」　モデルはお針子の若い女性。

つい長居をしてしまう街がある。名所、旧跡があるから？　いや、人が面白いのだ。

1999年と2001年に訪れた青海省の標高3680メートルの街、玉樹（ユィシゥ。チベット名でジェクンド）はそんな街だった。だが、外国人が素通りする街に1週間も居座るのは、中国では不審者！なのかもしれない。

1999年、小雪舞う寒い5月末、玉樹到着。1日目は高度順応のためゆっくり宿で過ごす。2日目、街へ出る。赤や黒の紐を束ねたターバン状の飾りを髪に巻き付けるダシェーというヘアスタイルが、カムの男たちの定番アイテムだが、街はそういう男たちでいっぱいだ。初めてカム地方にやってきた実感を噛みしめる。その一人と交渉して絵を描く。昼休憩。お腹が空いた。雪域餐庁（チベット食堂）に入ると、若い男と僧侶が食事していて、話しかけられる。彼らから碗子（ワンズ、ムスリムティー）の店やお勧めの中華食堂を教えてもらう。で、なぜか、おごってもらう。

3日目は良い天気。雪域餐庁でトゥクパ（うどん）を食べる。市場に出て、服屋でブラウスを注文。お針子がかわいい。写生させてもらう。4日目。ムスリム食堂でお茶を飲んでいると、物乞いの少女と目が合う。スケッチ。夜は僧侶お薦めの中華食堂に行く。中国では珍しい小皿料理だ。食べやすくおいしい。機嫌よく宿に戻ると、小柄な男が部屋を訪ねてきた。男は黒いビニールのパス「公安」の文字をちらつかせ、「昨日、坊主と食事しただろう?」と職務質問。「知らない」と言っておく。何を疑っているの? 「我是画家(私は絵描きです)」。スケッチブックで対応。お帰りいただく。楽しい気分が台無しだ。長居はできないと感じる。

5日目。雪域餐庁でモモ(チベットギョーザ)を食べる。市場の商店で魔女っぽい女性を写生。中華食堂で食事。宿に戻ると、フロントで「公安がビザの確認をするから明日来いと言っていたよ」との伝言。良い一日だったのに、がっかり。お湯をもらい(宿は風呂シャワー無し)、足湯して就寝。

6日目。早く目が覚めてしまった。憂《ゆう》鬱《うつ》だ。でも私に落ち度はない。これも経験だ。午前10時すぎ出かける。小屋のような公安の前で土を掘る男がいる。私を見ると「今天休止」(今日は休みだ)と大きな声。「今天、明天休止」。今日も明日も休みって、公安って休むの? 何だかばかされたような気分だ。明日の西寧行きのバスチケットを購入。午後は市場でやかんを直しにきたおばあちゃんや風景を描く。夜いつもの食堂。支払いしようとすると「今日はいいよ」。なぜ? 「明日行くんでしょう?」。なんで知ってるの?

かくて私は2度のただ飯を食らい、公安に捕まることなく無事、不思議な玉樹を後にした。

*玉樹は2010年に青海地震で大きな被害を受けた。

やかんを直す露店の前に座っていた老婦人。

旅のメモ

食事は旅の楽しみだが、ひとり旅は悩みも多い。中国の旅は米の飯が食べられ、ご飯派としては助かるが、おかず(菜・ツァイ)が大皿で供されるのが普通で、食べきれない。スープ(湯・タン)は小ぶりな洗面器の量だ。ゆえに宿に顔見知りが増えると集団で食堂へ。おかずがシェアできる!チベット食堂では、うどんに似たトゥクパが食べやすい。ヤク肉入り、青菜入り、と仕入れ次第。回族の清真食堂はピリ辛の麺の種類が豊富。八宝茶(碗子・ワンズ)というナツメ、クコ、角砂糖等の入ったお茶も頂けて、喫茶店のような感じで利用でき、スケッチの仕上げによく利用した。

魔法使いのお母さん

闇夜を飛ぶ箱　手が長く伸びて…

私は伝説や民話が好きだ。旅を重ねるにつれ、チベット文化や伝説の書籍を探した。そして興味深い伝説に出合った。「ある聡明《そうめい》な僧侶の母親が魔女だった」という話だ。

子ども（後の僧侶）が寝ると、母は箱に乗って空を飛び、悪魔の集会に出かける。集会では人間の脳みそスープが供され、母は銀の匙《さじ》を家に忘れたことに気づく。悪魔たちは「女王様、お手を長～くお伸ばしください」と繰り返す。すると母の手は段々長く伸び、山野を越え家に着き、匙を握ると集会に戻り、その匙で脳みそスープを頂いた。

ちょっと怖い話だけど、私にはチベットの風景や寺で見た地獄堂の壁画（骸骨や屍《しかばね》がつるされている絵だが、どこかユーモラス）が浮かんで、ワクワクした。いつかこのお話の絵本を作りたい、と夢想した。

玉樹に出掛けたのは1999年。私にとって初めてのカム地方だ。当時は道路事情が悪く、西寧から寝台バスで30時間も掛かった。夜中にガタガタ道をひた走り、着いた所は標高3680メートル、酩酊《めいてい》状態だ。

玉樹は当時、ビル等も建ち始めていたが、山の手に入るとチベットらしい旧家が立ち並び、風情ある道の先に寺があった。新しい道沿いには民族衣装や骨董《こっとう》の店があり、スケッチの合間にのぞくのが楽しかった。

その店は商店街の2階にあった。扉を開けると、東チベット独特の衣装を着こなす若い女性がカウンター前に。「魔法使いのお母さん！」。私は心で叫んだ。私の頭の中の魔女がそこにいる！「買い物するから描かせて！」。お決まりの交渉。が、彼女も頑固だ。自分の顔はキツめで、絵なんてとんでもない！ってい

玉樹で見かけた女性

「お母さん」のモデル。りりしい笑顔が印象的。

試作絵本「お手を長〜くお伸ばし下さい」より。

う感じだったが、粘り強く交渉し、描かせてもらうことになる。承諾すると、さすが、カムの女！　キリリと決めて、帯の柄や飾りやら「しっかり見てね！」と潔い。最後には写真撮影までOKだった。

帰国後、チベット学の小野田俊藏先生（仏教大名誉教授）にご厚意で伝説を翻訳してもらい、試作絵本を作った。出版関係者に見てもらうも、「残酷だ。子ども向きではない」と、まだ夢半ばだ。それでも闇夜には箱に乗って飛んでいるお母さんを夢想し、お母さんが日本に匙を取りにくるのを待ってますよ。

旅のメモ

チベットの昔話。中国語訳から。

「宮崎駿監督の「風の谷のナウシカ」はチベットの民話が元らしいよ」上海から成都行きの列車のコンパートメント（4人部屋）で偶然一緒だった早稲田大学の学生が教えてくれた。後年手に入れた「シュナの旅」宮崎駿著（アニメージュ文庫）によると、岩波書店の「白いりゅう　黒いりゅう」という中国の少数民族、漢民族の昔話を翻訳（君島久子訳）されたもののなかの「犬になった王子」というチベット族の昔話が元だという。

憧れのカイラス、グゲへ

旅は道連れ？　難関ルートに挑む

「古格故城」。廃虚のような城、艶《あで》やかな仏画、真ん中にその文字はあった。ラサの宿で売られていた絵はがきセットの表紙である。何と読むのか、どこにあるのか、心がざわつく。ラサは3度目だったが、行くたびに未知の世界が広がった。

　宿ではカイラス山ツアーが話題になっていた。10人ほどの人員を募り、聖地カイラス山に巡礼に向かうという。カイラス山はアリ（ガリ）地区、チベット自治区の最西端にある。北は新疆ウイグル自治区、西はラダック山脈が連なる。当時は道路事情が悪くラサから数週間の旅だった。ラサのツアーは低予算が売りだが、いいかげんなガイド、食料調達の失敗、途中で断念した人の話もつどつど耳にした。

「古格故城」はグゲ王城遺跡のこと。グゲはカイラス山の近くにある。西のラダックに絶品の壁画が残るアルチ寺があるが、グゲには類似した壁画が残るという。大分感じがつかめてきた。「ツアー」のミーティングに出てみる。十四、五人の西洋人の集まりで、リーダーの話は少し漠然としている。聖地に行くにしてはピクニック感覚な空気もなじめない。彼らと1カ月旅する自信はなかった。

　帰国後、個展の折、来場した恩師にグゲの話をした。恩師は日本画の模写専門家で、シルクロード壁画の調査やプライベートでネパールトレッキング等をしていて、その辺りには詳しかった。「私もね、トラック雇って、途中まで行ったんだよ。川の増水で帰ってきたけどね。でも又必ず行きます」

　渡りに船、チベットにランクル（ランドクルーザーはチベットの山道には欠かせない）。私はすかさず対応した。「先生、私も連れて行って下さい！」

　自分の体力やルートの難しさをおもんぱかると、専門家に頼る他はない。実力以上の旅をするには時には思い切りも必要だ。そして旅の道連れをもう1人と考えた。初めてのチベット行きで、上海で情報交換したチベットフリークのヤッコちゃん。同じ美術系だったこともあり、交流は続いていた。当時、夫の赴任先の

旅のメモ

グゲ王国

諸説あるが、10世紀の半ばにチベットを治めていたキデ・ニマゴンが西チベットを分割し、長男にラダック、次男にグゲ、三男にモンユルを与えたと伝えられている。グゲは17世紀にラダックに滅ぼされ、遺跡は文化大革命によって大きく破壊された。

「グゲの森」
グゲ遺跡の中は、まるで壁画の森のようだった。

ドイツに滞在していた彼女にファクス（まだメールもない時代）を送った。「美大の先生とカイラスに行くんだけど、お金も時間もかかるし、行かないよね？」。国際電話が掛かってきた。「もちろん。行きます！」
　ドイツにいても彼女のチベット愛は何ら変わりない。こうして美術系3人カイラス・グゲツアーは始まった。

カイラス、グゲ旅日記
その1

「雪の宝玉」すぐそこに

「チベットの時間」

1997年7月中旬、ネパールから陸路でチベットに入り、北上してガリ地区、カイラス、グゲを目指す。計画と旅行社はM先生が決めてくれた。先生と私はドイツから東京経由のヤッコちゃんと関西空港で待ち合わせ。先生とヤッコちゃんは初対面だ。3人とも美術系で、ひと癖あるが、行きたい気持ちと難しいルートだという認識は一致している。

7月20日、ネパール着。3日ほどカトマンズで旅道具の買い物等準備に充てる。24日にネパール人ガイドのインドラさんと4人で出発。ザンムーからニャラムへ。国境沿いで宿泊。25日にコダリでチベット側スタッフと合流。ランクル（ランドクルーザー）とトラックでの移動が始まる。

ランクルには私たち3人とインドラさん。トラックにはテント、食料、燃料、料理人が同行。大所帯で恐縮するが、入念に用意しても悪天候や車両の故障等、何が起こるか分からない。リスクはてんこ盛りだ。

シシャパンマベースキャンプ到着。初テントを経験する。ヤッコちゃんは懐中電灯を駆使しルート地図を製作中。早く寝ようよ。26日、ガイドのインドラさんが調子が悪い。長旅は無理そう。彼をネパールに送るランクルが戻るまで、高度順応だ。標高4500メートル、頭の半分が消えてスカスカする。思考が停止する。慣れるまで辛抱しかない。

28日、サガに向けて6時間のドライブ。大きな川の前でキャンプする。夜、用足しでテントを出ると、三日月とオリオン座が輝いている。腹具合の悪いのも忘れ、美しさにしばし佇む。

29日、おかゆを食べて出発。次々に色が変わる砂漠を抜けて町を越し、川をトラックが渡ったとたん、ハマった！　当時川にはほとんど橋が掛かっておらず、浅瀬を選んでランドクルーザーで渡るしかなかった。

近くの工場から人が集まってきた。通訳のラクパさんが車の引上げを交渉していたが、利権争いなのか、突然仲間内のけんかが始まり、あぜんとした。川沿いにテントを張った後、ラクパさんはトラクターを手配してくれ、日没前に引上げ成功。ようやく一安心だ。

30日、六つ目の川を渡り、その川の畔で昼食。夏草の中に極小の薄雪草（エーデルワイスの一種）が愛らしい。ヤク（チベットの毛長の牛）のフンもたくさん落ちてるけど。マーモットも姿を現す。川に大きな魚を見つけると、皆大はしゃぎ。手づかみで観察してリリース。今日は31の川を渡ったとヤッコちゃんがメモる。午後7時35分、チェックポストを過ぎると、マナサロワール湖が見えてきた。小さくカイラス山が望める。カーンリンポチェ、雪の宝玉と呼ばれる聖山は、すぐそこにそびえていた。

カイラス山（南面）。仏教、ヒンズー教、ジャイナ教、ボン教（チベット古来の宗教）の聖地。

旅のメモ

ヤク

3千メートル以上の高地で放牧される毛長の牛の総称。チベット人の生活に欠かせない大事な家畜だ。ミルクはバターやチーズに加工され、毛は織物にして防水テント等が作られる。糞は乾燥させ燃料として大事に使われる。ヤクの毛は、江戸時代あたりから日本にも輸出されており、お寺の行事で使われる大きな払子（ほっす）や歌舞伎の演目の連獅子で、役者が被る長い毛のカツラはヤクの毛で作られている。

旅日記 その2

体力限界も、何もしない幸福かみしめ

1997年7月31日、カイラス山正面に位置する巡礼の基点、ダルチェンを出発。昼は高原の遊牧民のお宅でショ(ヨーグルト)とバター茶をごちそうになる。レンガの家の裏に大きなヤギ小屋があり(トイレはないので)その後ろで、ヤギと目が合いつつ用を足す。夜8時、トリン着。招待所に水道あり。洗濯ざんまい。

8月1日、憧れのグゲ遺跡の見学だ。遺跡は宮殿、寺院、石窟等が3700メートルほどの尾根沿いに連なっている。仏像は文化大革命で破壊されたが、グゲ様式の美しい壁画が多く残る。大威徳殿、白殿、紅殿と堪能する。遺跡周辺の谷は大きな湖が隆起した地層が東西200キロ南北150キロ続き、グランドキャニオンのような絶景で、その規模の大きさに圧倒される。

2日、トリン寺見学。公開は白殿と紅殿だけで、白殿は整備前。荒れていたが、逆に手つかずの15世紀の壁画の美しさが際立ち、心に染みた。この日は少し前に発掘されて話題だったピアン・トンガ遺跡にも足を延ばすが、許可が取れず断念。村の入り口の青い麦畑とその上にそびえ立つ洞窟群が青空に映えて素朴で美しい村だった。

3日、ダルチェンに戻る。カイラス巡礼のミーティング。巡礼路は1周52キロ、途中5千メートルの峠を越える。チベット人は1日で回る人もいるというが、普通は3日程掛かる。私もM先生もかなり消耗しており、帰路を考慮するとタルポチェが限度か?と密かに思っていた。でもヤッコちゃんは違う。ここまで来てコルラ(聖山を時計回りに回る巡礼の作法)しないなんて! 一番熱いが、疲れは同等のはず。結局、通訳のラクパさんが付添ってコルラすることになった。私たちは湖で彼女の帰りを待つ。大丈夫かな? 心配だ。

4日、皆でタルポチェまでの巡礼路を歩き、2人はその先へ。最初は曇りで何も見えなかったが、しばらくすると雲の合間から美しい聖山の全容が現れた。私はカイラス山の南面をスケッチ出来た。マナサロワール湖に移動。テントを張ってキャンプだ。標高7694メートルのナムナニ峰が湖の南に鎮座している。それを眺めるM先生はなんだか仙人のようだ。夜半、風の音が荒々しい。

5日、よく寝たせいか、おなかも少し

ラダックの婦人。ガリ地区とラダックは隣だが国が違う。

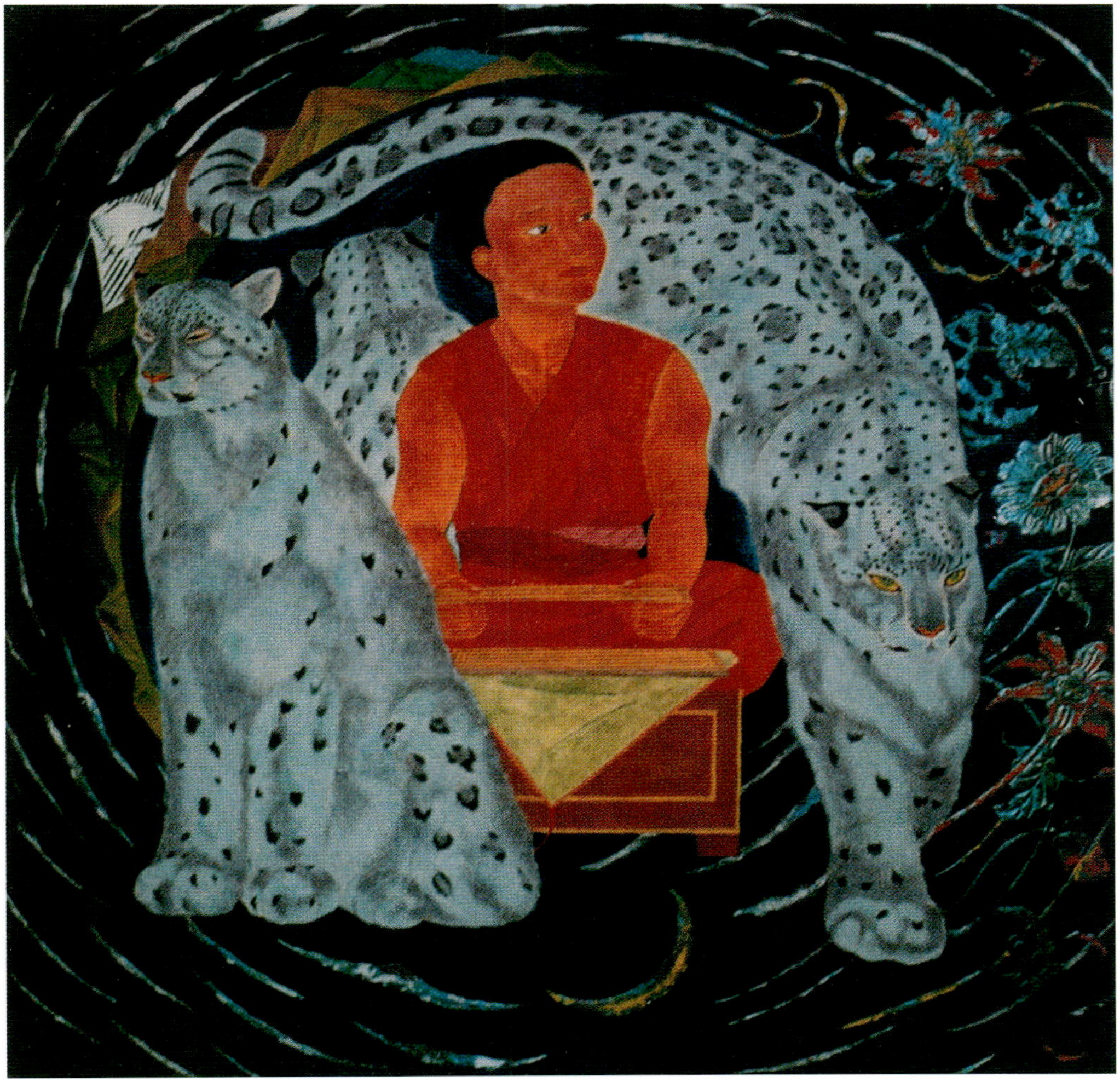

「The End of West」

回復。写生の手直し、散歩を楽しむ。昼間の地熱が暖かい。ご飯がおいしい。

6日、夜中、大雨で目が覚める。床下浸水。だがマットが私を守ってくれていた。テントに出来た池の上に、マットが船みたいに浮かんでいた。朝、快晴。マットを干しながら、聖地ってあるんだと実感する。美しい聖地で何もしない、心がホカホカする、これ以上の幸せがあるだろうか。

午後、ヤッコちゃん無事戻る。不安げだった顔は、やり遂げた喜びに輝いていた。ヤッコちゃん、やったね！

後日譚。夫の海外勤務を終えて帰国した彼女はチベット漫画家「蔵西《くらにし》」としてデビュー。イラストレーターとしても活躍している。今も彼女の熱い想いをカイラス山は見守ってくれているに違いない。

旅のメモ

ピアン・トンガ遺跡

1992年に四川連合大学が初めて詳細調査をした。文化大革命で破壊されたが、11〜12世紀の貴重な壁画が残る。

ポタラ宮譚

濃厚な時代、長い階段に裏道

ポタラ宮は17世紀後期に完成して以来、ラサの象徴的存在である。マルポリの丘に立ち、その壮麗な姿は「東洋のベルサイユ」とも称される。歴代のダライ・ラマの住居、政治の中枢、霊廟《れいびょう》、宗教行事とたくさんの役目を担ってきた。その威厳あるたたずまいは現在でも変わりないが、その役目と背景は日々変わり続けている。

1987年、私が最初に訪れた時、ポタラ宮の真下に舗装道路はあったが、東の繁華街パルコルに比べ閑散として、素朴な食堂や仏具の工房がある程度だった。食堂でうどんを食べて出発。長い階段が待っていた。標高3560メートルのラサ。ポタラは高さ115メートル。高山の階段登りは修行のよう。息切れして到着。

まず白宮という、ダライ・ラマの住居を少し見学して紅宮へ。そこはほぼ寺院だ。歴代ダライ・ラマの霊廟に入ると、金、銀、宝石の飾りが豪華な廟。濃厚な時代の空気に酔いそうだ。ただの高山病かも知れないけど。

お堂を順番に回る。小さいお堂で、お坊さんに呼び止められ、お茶をいただく。片隅に座りバター茶をすする。繊細な壁画がすぐ近くにある(後年、壁画の前に金網が貼られていた)。今では考えられないぜいたくな時間だ。出口近くの壁画は緑青色の美しい背景にラサの街や寺院、草原のテント等が細かく描かれていた。絵の前の私はたくさんの団体客に追い抜かれ、気が付けば一人、壁画の世界に遊んでいた。

1994年、久しぶりのポタラ宮は「天安門広場」と化していた。雑多な食堂や小さい工房は排除され、立派なビル店舗もある大きな公園。北京で天安門の向こうに紫禁城を見つけたときと同じ気分になる。屋上に中国風カフェが出来たのも違和感があった。が、その日チケット売り場で中国人と間違えられ、人民料金の券を渡された。微妙な気分。

ポタラの階段はキツイ。しかし、ラサに来たからには登らずにはいられない。(なぜなら、そこにポタラ宮があるから)

ラサ、ヤクホテルの屋上からの眺望。遠くにポタラ宮が見渡せる。

帰りにノルブリンカに寄った。そこはダライ・ラマ14世の夏の住居があり見学できる。豪華な部屋の片隅に、古いレコードプレーヤーが置いてある。主人の帰りを待っているのか、寂しげなその風情に、時が止まってみえた。

1997年、カイラス山の帰りに旅仲間3人でポタラ詣でに出掛けた。ホテルからタクシーを頼んだら、なんと西側の自動車通路で紅宮まで登れた！　知らなかった。あの苦しいポタラ詣では何だったのか？　どこにでも裏道はあるものだ。

旅のメモ

ノルブリンカ

ラサ市街地西部にあるダライ・ラマの離宮。18世紀ダライ・ラマ7世が設営。ダライ・ラマ14世の住居宮殿が残る。現在は公園になっており博物館、図書館、動物園の施設もある。

「ウ・ツァン」　ウ地方（ラサ周辺地域）、ツァン地方（シガツェ周辺の地域）

自由なく、青春の彷徨

ダライ・ラマ6世の白い鳥

チベットを知りたくて歴史や宗教の本をひもとくと、必ず出会える人物がいる。ダライ・ラマ6世（1683〜1706年）、僧侶としてよりも詩人として有名で、その波乱に満ちた生涯は一編の叙情詩のようだ。

チベットの歴史は宗教とともにある。ダライ・ラマ5世（1617〜82年）は周辺諸国の中で宗教指導者として君臨し、政治的にも黄金期を迎える。しかし、清朝との微妙な関係故に、5世の死は遺言により15年間伏せられる。その間に転生と認定された3歳の少年は、6世であることを隠されたまま故郷を離れ、ほぼ幽閉状態でダライ・ラマ教育を受けることになる。

「6世は僧侶でありながら、恋愛や酒の歌を好んで読んだ」とチベット関係の本にはあり、必ず次の詩が紹介される。

「白鳥よ　どうか　その翼を私に貸しておくれ　そんなに遠くへは行かない　リタンを巡って帰ってくる」

今枝由郎氏の本格的な翻訳が出るまで歴史的背景も知らなかったが、歌に満ちる孤独感は私の心に刺さった。

酒と旅を愛した若山牧水（明治大正期に活躍した宮崎県出身の歌人）の歌「白鳥は哀しからずや　空の青　海のあをにも染まずただよふ」が、私の中でいつも重なる。

6世の「白鳥」もチベットの空の青さを際立たせる。政治に翻弄《ほんろう》され、自由を奪われた白い鳥（彼の化身）は、何ものにも染まぬ心を持ち続け、美しい詩を残したのではないかと、ひそかに思う。

5世の崩御15年後、6世と正式に認められたが、そこから6世の青春の彷徨《ほうこう》は始まった。夜な夜なポタラ宮を抜け出し、酒場に通い、恋をし、それを歌にした。放蕩《ほうとう》を繰り返し、摂政の意のままにならない6世は、北京に送られることになり、途中客死した。23歳だった。「白鳥」は辞世の句とされ、その歌にあるリタン（四川省ガンゼ・チベット族自治州理《リ》塘《タン》県）で7世が見つかったという。

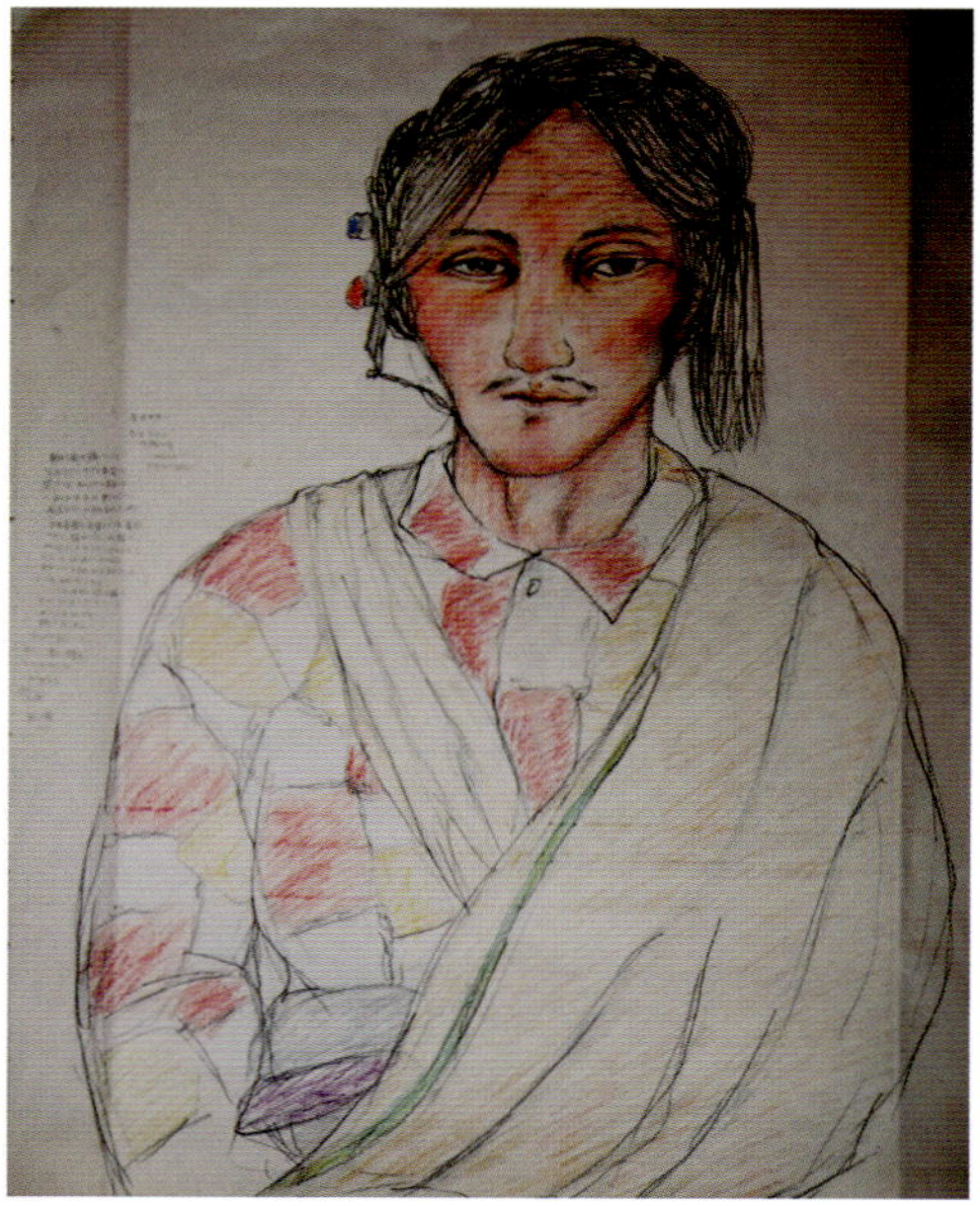

ダシェー（髪の房飾り）を巻いた東チベットの青年。

「鳥よ」
友人のダムニェン（チベットギター、ブータン製）を描き入れた。

チベット語教室で6世の詩を、チベット語、中国語、英語翻訳のコピーで在日チベット人講師Tさんに教えてもらう機会があった。辞書を引き引き、詩の雰囲気を楽しんでいた。ある日、Tさんに思い切って聞いてみた。

「こんなに恋もお酒も好きなダライ・ラマ6世って、どう思います？」

「観音菩薩《ぼさつ》様のされることに、どう思うなんてことは私にはないですよ。」そう、チベットの人々は、代々のダライ・ラマは観音菩薩の化身であると固く信じているのだ。

Tさんの純粋さに、何だか自分が恥ずかしくなった。

旅のメモ

ダライ・ラマ6世
ツァンヤン・ギャムツォ

ブータン国境に近い現インドのタワンに生まれる。翻訳「ダライ・ラマ六世 恋愛彷徨詩集」（トランスビュー、2007年）。岩波文庫に今枝由郎・海老原志穂編訳「ダライ・ラマ六世 恋愛詩集」がある。

カリンポンのシンギィー

客好きの子犬は守り神

東インド西ベンガル州、ダージリンとカリンポンを旅した。この地域は、18世紀初めまでチベット系シッキム王国の領土で、後にイギリス領↓インド領となったが、現在でもチベット系民族が多く住む地域だ。イギリス統治時代の避暑地の名残で、教会や西洋建築が多い。晴れた日は丘陵地から見渡すカンチェンジュンガ(標高8476メートル、周囲に7千~8千メートルの高峰が立ち並ぶ)が美しい。訪れた時はモンスーン明けだが、ダージリンは雨が多く寒かった。

カリンポンはダージリンの東50キロ。乗り合いタクシーで、5時間で到着。カリンポンは坂の街で、荷物を背負っての宿探しは骨が折れる。「デギロッジ」を坂のかなり上の方に、ようやく発見。チベット人家族が経営する小さいけど清潔なホテルだった。食堂で食事を取っていると、犬猫もやってきた。宿の人と同様愛想が良い。特に耳の垂れた白い子犬はお客好き。じゃれつき、愛嬌《あいきょう》を振りまき、ウエルカム・キスのおまけ付き。

翌朝、久しぶりの晴天。食堂でオムレツとパンケーキをいただく。シンギィー(子犬の名)は早速、隣でご接待。で、彼に絵のモデルをお願いする。坂を下って市場に出る。ウロウロしてたら午後6時。街灯が少なく真っ暗だ。夜はどこも早めに店じまいするみたいだ。翌朝は曇り。坂を下り、紹介所で地図をもらい、寺へ向かう。途中で会ったドイツ人が「遠いよ」と教えてくれる。タクシーを拾い、30分経過。まだ着かない。山の中は霧だらけ。これじゃ遭難する。寺にタクシーを待たせて早々に退散。

宿に戻るとシンギィーが縁側でふて寝していた。そばに小さい庭があり、中を見せてもらう。手入れの行き届いた美しい庭。この辺は野生のランやサクラソウ

インド国境近く、ネパールジャナクプルの宿。窓からの眺め。

の原生地。花を大事にしているのが感じられ、なんだか心が和む。食堂にはシンギィーと客のアメリカ人女性。女主人がシンギィーを呼ぶと「私もシンディーよ!」と大喜び。でも、少し音が違うんじゃないかな? 女主人も何となく疑問符な表情。シンギィーは私と一緒に食事する。「明日お別れだよ」と呼びかけるも、シンギィーはどこ吹く風。おセンチなのは私だけ。

「シンギィー」 昼寝をしているシンギィー

朝、オムレツにパンケーキにシンギィー。荷物をまとめて宿の清算をした。出発間際、毎朝屋上で鳥にパンくずをまいていたおばあさんが出てきて、私にリンゴとバナナを手渡し、旅の無事を祈念してくれた。温かい宿だった。シンギィーはお出かけ。別れのあいさつはなし。湿っぽいのは嫌いなんだ、きっと。でもありがとう。君は旅の孤独を癒やしてくれたね。

後述譚。「シンギィー」は「センゲ」のことで、チベットの守り神の雪獅子と分かった。人名もあるが、白い犬にもその名を付けるらしい。音が聞き取れなかった。

これ、シンディーさんにも教えてあげたい。

旅のメモ

センゲ

スノーライオン。チベット仏教の神聖な動物。緑のたてがみ、白い姿で描かれる。センゲは、1909~59年までチベット国旗の意匠としても使われた。この一時期国旗となった、2匹のセンゲが宝石を支え合い向かい合っているデザインの旗は、ダライ・ラマ13世と交流があり、チベットの近代化の助言をしたという日本人、青木文教が制作した。

答えが見つかる地

仏塔の読経　美しい一瞬

インド北東部シッキムは山の上まで水田がある。水田の緑と雪山のコントラストが美しい。州都ガントクからガイドを雇い西シッキムへ。コスモスが揺れる山道を根気よく歩き、難民センターや山寺を訪れ、シリグリへ移動した。ここからコルカタ（西ベンガル州の州都。人口密度はムンバイを抜くメガシティー）行きの鉄道も出ていて、インドの喧騒《けんそう》が始まる場所だ。

ようやく着いた宿は車の騒音が響き、窓も壊れかけ、シャワーもない。唖然とする私を尻目に「主人はすごくいい人だ」と言い捨て、ガイドはさっさと帰っていった。疲れでぼうぜんとするが、バケツでお湯をもらって髪を洗い、気持ちを落ち着かせる。そう、インドではよくあることだ。

フロントに行くと上品な年配女性がいた。宿の女主人だ。カルカビッタ（ネパール国境）のことを聞くと、飛行機や長距離バスを丁寧に調べてくれた。色白の美しい人。整った目鼻立ちは西洋人を思わせたが「ブリティシュタイプ」のチベット人だという。ダブルなのかしら？　私が絵描きだというと話が弾み、彼女を描きながら楽しくおしゃべりした。

「ネパールではボダナートに行きなさい。私はいつもボダナートに行くの。そうすると答えが見つかるのよ」

不思議な話だ。でも彼女の温かみのある優しい声に諭されると、なんだかそこに真実があるように思える。

ボダナートの塔の上で出会った僧侶と犬。チベットのお経は、絵のように横に細長い。

翌朝、目的地が同じテンジンさんを紹介してもらい、国境へと出発。チェックポストで1泊。長距離バスで朝4時半出発、予定通り夜8時にカルカビッタ到着。テンジンさんがカトマンズの宿まで送ってくれた。

翌々日に久々のボダナートへ。宿の女主人の言葉が頭の隅にある。ボダナートはカトマンズの東7キロにあり、高さ36メートルのネパール最大の仏塔で、街中の平地にある。チベットのお寺は山や崖の上にあるので、むしろ珍しい。金色の屋根を頂く大きな鏡餅のような仏塔は、巨大な目が描かれており、低い土塀で囲

「ボダナートの起原」
龍樹菩薩が祈念して、木々を呼び、森が作られ、ボダナートができたという伝説のイメージで。

まれている。その周りを人々はコルラ（右回りに仏塔やお寺の周りを回る）する。

ここは3度目だが、塀の中に初めて入った。白い胴体に上ると、そこに若いお坊さんが座って読経していた。横にピタリと大きな犬。姿勢を正し、お経を聞いている。初転法輪の説話*の挿絵のよう。清らかな景色にときめき、少し離れて絵を描いた。人が集まって写真を撮りだした。空気が濁る。すると、お坊さんが私を手招きする。「どこから来たの？」。中国語だ。「日本から」。お坊さんは「アムド（中国の青海省、甘粛省、四川省の地域）から亡命してきたんだ」。また、観光客に囲まれる。その時、女主人の言葉がよぎった。答えは？ 分からない。でも、描くことで美しい一瞬を共有できたと思えた。

*初転法輪の説話　釈迦《しゃか》が悟りを開いた後、最初の説法を鹿のたくさんいる鹿野園で5人の弟子たちに説いたという。

旅のメモ

チトワン国立公園

ネパール旅の締めに、前から行きたかったチトワン公園（世界遺産。個人旅行不可）のツアーに参加した。カトマンズからバスで7時間。チトワンは中央ネパール南部のジャングル。王族の狩り場だった為、自然が保存されていた。エレファント ライド（象に乗ってジャングルを回る）が有名だ。私は、初期仏典に出てくるサイの角の喩え（「犀の角のようにただ独り歩め。」『スッタニパータ』）が好きで、ここのインドサイが、ブッダの語ったサイだと知って、いつか行きたいと思っていた。ジャングルでの宿泊は、夜中の大雨、野生動物の雄叫び？でなかなかの新感覚だったが、川沿いに本物のひとつ角のサイが見られて感動した。川沿いの夕陽も美しかった。

インダスの籠渡し

乾いた空気 無性に恋しい

たどり着けない旅もある。

2006年、インド・スピティのタボ寺（西チベット、グゲの仏教美術が残る貴重な寺）を目指す。デリーの旅行社に出向くも、マナリから北は崖崩れで復旧のめどは立たないと新聞を見せてくれた。自然には勝てない。急きょ予定変更。飛行機で飛べるラダックが頭に浮かんだ。旅行社に短期のトレッキングの案を出してもらう。1人は無謀とうすうす思うが、チベットの乾いた空気が無性に恋しい。蒸し器のようなデリーからとにかく早く出たかった。

ラダックの中心街レーに到着。3度目だ。空港は14年前の小屋から立派なビルに変わり、街も建物が増え、トレッキング専門の旅行社もあちこちに見かける。ネパールのカトマンズを思い浮かべた。街中の男たちはジーパン、女たちはパンジャビドレス（チュニックとパンツの組み合わせ。長いショールを纏う）が一般化し、ラダックの民族衣装はあまり見かけない。少し寂しい。数日高度順応し、食料とテントを積んだ馬、ガイドと共にジンチェン（レーから車で1時間）から出発した。マルセランまで1週間のトレッキング予定だ。

ザンスカールの水晶売りのソナム・バンジョルさん。
丈の長い帽子はティピィというラダック独特のもの。

1日目、延々と川を渡る。3時間後にスキュー到着。月明かりがまぶしい。2日目、9時出発。ずっと上りでキツイ。昼休憩。ずっと下りで足にこたえる。カヤに到着。6時間の予定が9時間かかった。3日目、早くもダウン。疲れが腸に来る。ドイツ人でいっぱいのキャンプ場に歌が響く。4日目、動けず。余儀なく短いルートに変更。近くのスキュー寺を写生。

5日目、ようやく出発。砂場のような道を歩き続けると、バラの赤い実の茂みから麦畑が見えた。民家の前にテントを張る。民家は古びているが味がある。昔ながらの民族衣装のゴンチャスに、なめし革のマントを着、牛乳瓶の底みたいなメガネを掛けたアピ（おばあちゃん）が薪を割っていた。足もおなかもボロボロだけど、なんだかうれしい。夜、星がきれいだ。

　6日目、10時出発。チェリングの川（インダス川の支流）沿いに昼到着。荷物を下ろして馬を返却し、向こう岸に渡る。橋はない。川には太い綱が渡してあり、綱にはドラム缶？みたいな乗り物が引っ掛けてある。広重の浮世絵に出てくる籠渡しですか？　ガイドのジグメー君はドラム缶に私を乗せ、手で綱を引っ張り、尺取り虫のように川を渡った。お見事！　どんな乗り物よりもスリリングだった。

　レーに戻るとザンスカールの水晶売りに出会った。ザンスカールはラダックの南にあり、1年の半分以上は雪に閉ざされる場所だ。着古したゴンチャス、山高帽、白髭のオヤジは通りに布を広げて水晶を並べた。小さい星を見つけるみたいに私は大事に一粒を選んだ。

迦陵頻伽《かりょうびんが》

上半身が人、下半身が鳥。極楽に住み、美しい声を持つ。

レーの仏塔の側面に描かれたもの。

レーのはずれにあるお寺の中庭

旅のメモ

ゴンチャス

ラダック語で着物。女は前で合わすロングワンピース風。男は立ち襟で前で合わすロング丈。男女とも下にズボンを履いて腰帯を巻く。

草原に花を追って

青いケシに感じた力強さ

何の花だろう。沈丁花《じんちょうげ》と似ているが木でなく草だ。小さな花が集まり、毬《まり》のような形になる。草原の隅でよく見かけた。草沈丁花。チベットでは根を原料に紙をすくと後日知った。

ヒマラヤの青いケシ「メコノプシス」は1997年のカイラス山の帰路、8月の標高4千メートルの斜面で運良く巡り合えた。背が低く、茎は赤みを帯び、うつむき加減で青い花弁を広げ、緑の下草をはうように点々と咲く。力強さを感じた。

高山植物をもっと知りたい。が、草原の旅はひとりでは難しい。長距離バスで移動中、草原停車はトイレ休憩を意味する。もちろんトイレ施設はない。物陰さえ探すのも一苦労なのだ。西寧から夏河への移動中のトイレ休憩で、同乗の少女がどこからか黄色いケシを大量に摘み取ってきていた。それは黄色の「メコノプシス」。本でしか見たことがない花、だったけど、カメラさえトイレ休憩には邪魔で持ち歩かない。少女は薬草なので摘んで帰る、ということらしかった。ゆっくり草原の花を楽しみたかった。なんとも残念な思い出だ。

友人のカメラマン長岡洋幸氏が旅行会社で草原ツアーを企画した。団体旅行は苦手だが、お花畑を見る良い手かも？内緒で申し込む。彼から電話。「あれポシャったぞ」。マニアック過ぎたのか？取材に行くので同行しないか、というお誘いの連絡だった。このチャンスを逃す手はない。東チベットの草原を目指した。

2009年7月、中国・成都から九寨《きゅうさい》溝《こう》（四川省の景勝地。世界遺産）に飛行機で移動。九寨溝はアバチベット族チャン族自治州の北東部にある。

長岡氏は撮影を邪魔されたくないようで、単独行動。私はガイドのジェランさんと植物を探しながら、九寨溝の中を通っているバスを使ってあちこち移動した。ジェランさんは日本語が堪能で植物の知識も豊富。話も興味深い。ビンバは白い小さなお団子のような花。サン（香木。仏事に使う）を焚《た》く時、焚き物の上にビンバを盛ってサンを置いて焚くという。ビンバ摘みは子どもの役目で、ジェランさんもよく摘みに出かけたそうだ。

公園内のあちこちでみかける、一重のバラやキンポウゲ、セリ科の白い花も美しかった。

青いケシ「メコノプシス・ホリデュラ」

「ののはな」　東チベットの草原のイメージを絵にした。白とピンクの花が草沈丁花

次は郎木寺《ラムスー》から沢庫《ツェコ》の草原へ。ランドクルーザーで移動した。標高2400メートルの草原にヤク牛が放牧されている。黄色や白の小花が緑の草原を縁どり、薄紫のアザミの群生の向こうに低い雲が悠々と流れていた。

　青海省・同仁《トンレン》に行く途中、ガイドお薦めの「恋人の丘」に立ち寄る。チベット人のデートコースだそうだ。今はバイクで皆訪れるらしい。丘の上はお花でいっぱい！　ユリ科、アヤメ科の高山植物は茎が短く、花が大きい。地面から突然花が生えている感じで、少しびっくりするが、余分なところは省略して大事な花を目立たせる、高山植物の知恵なのだ。リンドウ科の花は豆粒大だが、群れて存在を主張する。ウスユキソウ（レオントポデュウム　キク科）は、エーデルワイスの類だが、大きさや形が豊富で、ここでは大きな塊のように咲いていて、見ごたえがあった。

　貴南《グイナン》から興海《シンハイ》へ。興海は大草原に遊牧民のテントが点在する。若い母親と娘2人のテントにおじゃまする。バター茶をごちそうになり、やんちゃな娘たちと外に出ると、テントの横に立派な馬？　いや、それはチュバ（チベット服）がきれいに着付けられた大型バイクが鎮座していた。まるでお祭りの着飾った馬のような姿だった。娘はそれに飛び乗り、満面の笑みを浮かべた。草原も色々と変化しているのだった。

ある亡命チベット人の話

不安な状況乗り越え

友人のA子さんは、チベット宗教画「タンカ」を学びにインドのダラムサラに5年間留学し、チベット人の夫と一緒に帰国した。夫のチャンパさんは中国からインドに亡命した元僧侶で、東チベット出身(大柄で骨格のしっかりした男性が多い)にしては色白で細身だ。来日したての彼は分からない日本語に囲まれて少し不安げな印象だった。

2年後に2人にかわいい女の子が生まれ、それを機に国籍を持たないチャンパさんは帰化に向けて勉強を本格化した。お寺で学んだ彼は、言葉はチベット語のみで中国語はできず、皮肉にも日本語で漢字に苦労する。そして受験の準備が整ったが、試験を受けるには、法務局に書類を提出してそれが受理されてから、というややこしいものだった。

最初の申請で、中国の家族から家族証明を送ってもらうよう求められた。しかし、そもそも亡命しているのだ。家族に迷惑や危険が及ぶかもしれない。保留するしかない。数年後、役所側の事情が変わったのか、インドの寺の在籍証明を提出し、亡命した経緯を本人が書き、東京のダライ・ラマ法王事務所*で検認を受けるということで、ようやく帰化試験までたどり着くことができた。

「帰化申請通りました!」

A子さんの喜びの報告は私にも忘れ難い。来日して8年がたっていた。

私の個展にA子さんとお嬢さんが来てくれたことを縁に、私はお嬢さんの愛らしさに一目ぼれ。時々お宅におじゃまして、デッサンをさせていただくことになった。

チャンパさんとは、転職して引っ越ししてから、お会いする機会が増えた。会うたびに日本語の上達が目覚ましい。思えば文化の全く違う国にやってきて、その国の人になるって、並大抵なことじゃない。ましてや彼は亡命チベット人。中国西蔵自治区に生まれ、ラサからインド、南インドの寺を経て、北インド

甘粛省夏河のラプラン寺に巡礼に来ていた遊牧民の男。

「東の星」　青海省玉樹で、祭りの日に正装していた少年を描いた。

のダラムサラで日本人の妻となる人に出会い、一緒に日本にやってきた。そして長い間無国籍状態だった。その不安定な状況をどう乗り越えてきたのだろうか。

いままで亡命チベット人に会う機会は何度かあったが、詳しい話を聞いたことにない。今や彼は日本語ペラペラ！

いつか亡命時のお話を聞きたい！　私の野望も膨らんできたのだった。

旅のメモ

チベットの伝統的な美術はほぼ仏教に由来する。絵画は、寺のお堂に描かれる仏教壁画、儀式として行われる砂曼荼羅、掛け軸仏画の「タンカ」がある。タンカの制作は、先ず木枠に綿布を張り、白土という顔料とにかわで下地を塗り、独特なパースで仏や聖人を描く。顔料は日本画に近く、天然顔料、染料等を使うが、独自の彩色方法が伝統的に受け継がれており奥深い。

＊ダライ・ラマ法王事務所
日本におけるダライ・ラマ法王およびチベット亡命政権の正式な代表機関。

ある亡命チベット人の話

ユートピアを望んだ少年の強い心

チャンパさんは東チベットのチャムド(中国西蔵自治区の東部の昌都)の近くの村に生まれた。5歳の時、兄がインドに亡命した。後日、南インドの寺から草原の絵はがきが届いた。

「なんて美しい所なんだ。やっぱりお釈迦《しゃか》様の国は違うな」

チャンパ少年はそこにユートピアを夢想した。

ある日、近くの村で事件が起こった。お寺に「自由をわれらに!」という紙が貼られたのだ。寺内に密通者がいて公安に通報され、騒ぎに発展した。寺に公安がやってきて、筆跡鑑定など取り調べが始まった。取り調べは1カ月に及び、寺は騒然となった。

チャンパ少年は寺の現状に幻滅し、父にインド行きを懇願したが、許されなかった。

16歳の時、父と一緒にラサ巡礼をする機会を得た。1カ月の予定で出発する。ラサに着くと父は彼をデプン寺(チベット仏教ゲルク派の三大寺院の一つ)に入門させようとしたが、彼のインド行きへの思いは強く、ラサ在住の叔父の助言もあり、亡命ブローカーを得て決行することになる。

◇

チベット暦12月30日(西暦2月半ば)夜、ラサを出発。集まったのは僧侶7人、尼僧2人、一般女性2人の全部で11人。トラックでシガツェ(ラサの西、約230キロ)に向かうが、途中に公安がいて一度引き返す。

チベット正月の夜、にぎわいに紛れて再度ラサ出発。サキャの手前で公安情報が入り、トラックを降り、夜通し歩き続ける。昼は山中に潜んで、夜はガイドの道案内を頼りに、明かりは持たず移動する。最初はつらくて、眠気で足元もおぼつかなかったが、次第に身体が慣れてくると「チベット人はツァンパ(ハダカムギをいって粉にした物。チベット人の主食)と水さえあれば生きていけるさ!」と、最低限の食事も気合で乗り越えられる覚悟ができた。そう、このつらさを乗り越えれば、憧れのインドが待っているんだから!

ロンシャン峠を越えればあと1日でネパール国境、という所まで来た。だが、30人ほどの亡命途中の人々と出会い、国境手前で公安がいるという情報を得る。彼らは他の道を知らず、ガイドに誘導を頼んだ。ガイドはシャクンボのルートを提案。そこは氷の山を越える悪路でもあり、1週間余分に歩くことになる。一行は次第に食料が尽き始め、着物や持ち物を点在する村々で食べ物に替えた。皆、不安を抱えながらも前進した。

国境近くでトラックをヒッチして、よ

うやく民間バスまでたどり着き、カトマンズの東7キロのボダナート近くの亡命チベット人登録所に到着。インド・ダラムサラ行きの手配を完了した。ラサを出発してから27日が過ぎていた。

◇

チャンパさんは、カトマンズに15日滞在した。ようやく飢えから解放されたのだが、逆に食べても食べても腹が減る！という症状に悩まされた。

ボダナートから立派なツーリストバスで国境まで行き、オンボロのローカルバスに乗り換えインドの首都デリーに到着。デリーは初めての大都会でカルチャーショックを受けた。

1週間滞在して、バスでダラムサラへ。ダラムサラで2カ月過ごした後、兄のいる南インドの寺に移動する。そこは絵はがきとは全く違う風景（絵はがきは北インドの風景だった）。ともかく暑い。寺の中はチベット語だが、外は公用語のヒンディー語で、喋れなければ生活ができない。2度目のカルチャーショック。うつになりかけたが、徐々に環境になじみ、5年間修行する。

その後、ダラムサラにあるラプラン寺に住む幼い活仏《トゥルク》のお世話をするために再びダラムサラに行くことになった。そしてダラムサラのゲストハウスで、チベットの宗教画の勉強に来ていたA子さんと出会った。3年後、A子さんが帰国するのを機に日本に移り住む。日本語を学び、8年後、帰化試験に合格した。その後、日本人として中国に入国し、亡命してから会うことができなかった父に、ふるさとの近くの街で再会を果たすことができた。

◇

私が出会ったその青年は、最初は細面で色白だったが、日本でも鍛えられ、今は大事な家族を支えるたくましい大人の横顔を持つ。「国籍は日本人だけど、今

東チベットの行商人の男。赤いダシェー（ひも飾り）を髪に巻き付けている。

の方がカンパらしいね」と私の心の声。東チベットの男をカンパというが、今まで現地で出会った大柄で精悍な男たちの横顔が脳裏をよぎった。

チャンパさんに、なぜ帰化したかを改めて聞いてみた。

「亡命政府が発行する証明書では行ける場所が限られる。日本に行ったら国籍を取るつもりだった」と答えが返ってきた。

ユートピアを望む少年の強い心は、東の端のシルクロード終着点まで彼を導いた。そして、彼の長い旅の話は私に大事なことを教えてくれた。ユートピアは探してもたどり着けない。それは自分自身で作り出す場所なのだと。

旅のメモ

ヒンディー語は、インドの主に中部北部で使われる言語だが、公用語として標準ヒンディー語が大事なコミュニケーションツールとなっている。だが、インドで長距離バスに乗っていた時、近くの席に乗り合わせた２人のインド人が英語でお喋りをしていた。当時インド初心者の私は違和感を覚えたが、多民族、多言語国家のインドでは公用語のヒンディー語があまり通じない地域も多く、自分の地域の言語以外の人との会話は「英語で話した方が楽」な人々も多いのだそう。言葉一つとってもインドは一筋縄ではいかない。

後記

２０２０年（令和２）、「ギャラリー　ヒルゲート（京都市中京区）」での個展に、京都新聞文化部の稲庭篤氏が来場され、京都新聞夕刊でのチベット旅行記の連載依頼を受け、のべ２カ年半連載をさせて頂きました。その本文を元に時系列を整理し、スケッチを足して絵本のような旅日記に仕上げることができました。

連載時、毎月、自宅兼ギャラリーに脚を運び作品撮影をし、私から旅のエピソードを引き出してくださった稲庭氏、チベット関連記述に誤りがないか、原稿の段階で読んでくださった佛教大学名誉教授の小野田俊藏先生に、この場を借りてあつく御礼申し上げます。

なお書籍化に伴い、京都新聞出版センターの岡本俊昭氏に貴重なご意見を頂き、デザイナーの西村加奈子氏には私のわがままをたくさん聞いて頂きました。本当にありがとうございました。

２０２５年（令和７）４月　　竹内 淳子

「Sand Labyrinth」

［著者略歴］

竹内　淳子（たけうち じゅんこ）

1960年福岡県生まれ。’86年京都芸術短期大学（現 京都芸術大学）日本画専攻科修了。’86〜’09年13回にわたりチベット文化圏を取材、スケッチを重ねる。京都、大阪、福岡、東京等、個展を中心に作品を発表している。竹内淳子オープンアトリエ主催。

URL　https://junko-t-aruhi.com/　〜ある日チベットで〜

著者（左端）

ある日チベットで　༄༅ཉིན་ཞིག་བོད་ལ་

発行日　2025年５月１日　初版発行
著　者　竹内　淳子
発行者　増田　聡
発行所　京都新聞出版センター
〒604-8556　京都市中京区烏丸通夷川上ル
Tel. 075-241-6192　Fax. 075-222-1956

印刷・製本　株式会社スイッチ. ティフ

ISBN978-4-7638-0797-7　C0026